たことは疑いのない事実です。しかし幸か不幸か、これまで日本企業が特に国内市場でビジネスをする分には、「マーケティング」は必要なかった。だから、マーケティングが進化・発達することがなかったのです。

高度経済成長期の日本は、消費者の需要が爆発的に拡大。さらに、テレビや新聞など圧倒的なリーチ力を有するマスメディアが存在していたため、マス広告を打ち、新製品が発売されたことを知らせれば、高い技術力をベースにした日本企業の製品ですから、それだけでモノが売れていきました。一方で人種、言語、宗教などが多様な人たちが集まる欧米諸国では、メディアも細分化していきますし、日本のようにマス広告を使って拡大する需要を効率的に刈り取るというモデルが通用せず、必然的にマーケティングが進化を遂げていったのです。

しかし商品の機能競争は行き着くところまで行き、日本の市場は成熟化。さらに消費者の情報収集経路が多様化したことで、メディアの影響力も分散し、マス広告だけが商品を売るための絶対的な解ではなくなりつつあります。改めて、日本企業もマーケティングについて考えるべきときが来ているのではないでしょうか。

「アベノミクス効果」も含め、株高、円安と日本経済もようやく成長基調となった感がありま す。昨年は2020年のオリンピック・パラリンピックの東京招致成功という久しぶりの明るいニュースもあり、６年後のオリンピック・パラリンピック開催に向けて日本中がその盛り上がりを見据え、動き出すことでしょう。先行き不透明な経済環境の下で、長らく国内投資を控えていた企業も、オリンピック開催という未来に向けた明確な成長材料ができたことで投資再開のムードが高まりつつあります。

日本市場が活性化する環境が整いつつあるというのが大方の見方ですが、日本企業にとっては楽観視できる状況ばかりでもありません。昨年はＮＥＣがスマートフォンから、パナソニックがプラズマテレビ事業からの撤退を、そして今年２月にはソニーがＰＣ事業売却を表明しました。日本を代表する企業でさえ、基幹事業に大ナタを振るい、選択と集中で生き残りを賭けた勝負をしています。一方でアップルやプロクター・アンド・ギャンブル（Ｐ＆Ｇ）などのグローバル企業が日本に根をおろし、国内市場の主導権をも握りつつあります。日本企業はお膝元の国内市場においても、強大な競争力を持つグローバル企業との熾烈な戦いを強いられているのです。

世界中で活躍するそれらの企業と伍して戦うために、日本企業がとるべきマーケティング戦略とはどのようなものでしょうか？　正解はそう簡単には見出せませんが、いま早急に取り組むべきは「売れ続ける仕組みづくり」です。本書では、その「仕組みづくり」について考え方やメソッドを解説していきます。

「仕組み」というとシステマチックに聞こえるかもしれませんが、ここで言う「仕組み」とは「ストーリー」とも置き換えられます。映画やドラマのように、マーケティングにも「戦略的なシナリオ」が必要です。全体のシナリオを理解せずに、一つひとつのシーンをどれだけ魅力的に演出しても、人々の心を動かすようなマーケティング・ストーリーはつくれません。消費者の購買行動を喚起し、「売れ続ける仕組み」をつくるためには、消費者だけでなくマーケティングに関わる、社内外すべてのステークホルダーがｗｉｎ－ｗｉｎの関係を構築できる全体シナリオ（設計図）を描くことが必要なのです。本書は、そのシナリオの描き方を解説したものです。

私たちがコミュニケーションのプランニングをする際には、まず「消費者インサイト」の把握に注力します。それはモノがあふれた現代では、消費者本人も気づいていない、潜在ニーズまで掘り下げることができなければ、新市場を創るような革新的商品やマーケティング戦略は生み出せないからです。しかし、私がこの本を通じて伝えたいことのひとつに「お客様〝だけ〟が神様ではない」ということがあります。「売れ続ける仕組み」をつくるには、消費者のことだけを見ていては不十分。その商品に関わる社内外のすべてのステークホルダーの心を動かす、誰もが幸せになる「マーケティング・ストーリー」をつくる必要があります。

具体的には「消費者インサイト」に加え、「メディア」、「ソーシャル（世の中や専門家）」、「流通」の4つのステークホルダーの視点で、企業から発するメッセージを企画・スクリーニングしていく方法（情報クリエイティブ）を紹介しています。マーケター一人で、すべての視点からメッセージをスクリーニングしていくことは難しく、この情報クリエイティブの過程で、商品が消費者の手元に届くまでに関わる、社内外の様々なステークホルダーにヒアリングし、ともにつくりあげていくことになります。この過程を経ることで、社内外すべてのステークホルダーがｗｉｎ－ｗｉｎの関係を構築できる全体シナリオがつくりあげられていきます。

対消費者のコミュニケーション活動を統合するＩＭＣ（Integrated Marketing Communication：統合型マーケティング）1・0から、すべてのステークホルダーが幸せになれる、ビジネス・プロセスまで含んだマーケティングの仕組みづくりであるＩＭＣ2・0。そして、企業の持つ様々なデータを統合し、経営戦略へと反映していくＩＭＣ3・0へ。この本で提示するマーケティング戦略とは、コミュニケーション領域にとどまるものではなく、事業活動全体のオペレーションを統合的にマネジメントしていくことに他なりません。

名だたるグローバル企業との熾烈な競争時代に入っていながら、日本には縦割りの組織やジェネラリスト育成志向の人事ローテーションが未だに色濃く残っていて、多くの企業では高いスキルや専門性を持ったマーケティング人材が不足しています。一方、グローバル企業ではＣＭＯ（Chief Marketing Officer：マーケティング最高責任者）を先頭に高度な専門知識を持つ、プロのマーケターたちがデジタルテクノロジーを駆使、さらにソーシャルメディアやビッグデータも活用し、最先端のマーケティングの打ち手を迅速かつ的確に繰り出しています。その緻密なマーケティング戦略に打ち勝つ、日本企業らしい独自のビジネス・プロセスまで含んだマーケティングの仕組みづくりこそが今、求められていることです。

『The Real Marketing』と題した本書では宣伝・販促などのコミュニケーションレベルにとどまることなく、社内外のあらゆるステークホルダーを巻き込んだ継続的に売れ続ける仕組みをつくることこそが、真にマーケティング部門が担うべき役割であるとの考えに基づき、事業活動全体の最適なオペレーションを実施していくためのプロジェクトマネジメントのあり方、さらにその核となる骨太なマーケティング・ストーリーの描き方を紹介していきます。

本書が少しでも、皆様のお役に立てれば幸いです。

２０１４年２月

藤田康人

The **REAL** Marketing
売れ続ける仕組みの本質

目次

目次

第1章 ― 現代のマーケティング課題

米国の小規模店舗に宿ったマーケティング・イノベーション

「Small Business Gets An Official Day」……。アメリカン・エキスプレスが企画し、米国の地域小売店舗に顧客を呼び込んだこのキャンペーンは2012年に、世界的な広告クリエイティブのイベントである「カンヌライオンズ 国際クリエイティビティ・フェスティバル」でも、話題になった作品のひとつです。この取り組みは「プロモ&アクティベーション」と「ダイレクト」の2部門でグランプリを獲得し、アメリカン・エキスプレスの名を高めたばかりか、カンヌライオンズの新しい波を象徴する作品としても評判を呼びました。

同社は、折からの不況と大型店との競争に苦しむ米国内の小売店に顧客を呼び込むべく、「ブラックフライデー」※1と「サイバーマンデー」※2の狭間の土曜日を「ショッピングの日」とし、それを毎年の恒例行事として認知してもらうことを目的に、2010年11月26日の土曜日を「Small Business Saturday」と名づけました。

※1「ブラックフライデー」……11月の第4木曜日感謝祭翌日の金曜日は、クリスマス・セールが始まり、小売店が黒字になることからこう呼ばれる。

※2「サイバーマンデー」……感謝祭の翌週の月曜日にクリスマスプレゼントをオンラインで購入する人が急増するので、こう呼ばれる。

この取り組みには、50万以上の小規模店舗のオーナーが参加し、当日のアメリカン・エキスプレスのカード決済は前年同日比で28%増加。そして2年目には「Small Business Saturday」が米上院で公式な記念日として認められ、国を巻き込む一大ムーブメントとなりました。

このキャンペーンが、これだけ大きく波及した要因は様々語られていますが、私は「すべての関与者がハッピーになるストーリー」をコミュニケーションレベルではなく事業レベルで実行したことが重要なポイントだと考えています。

日本と同様、アメリカでも大規模なチェーン店やオンラインショッピングサイトが影響力を増す中、地域の小規模小売店が苦境に立たされています。このような状況下、どうしたら消費者は地元にある小規模店舗で買い物をしてくれるのか。ただ単に「地域活性のために、あなたの地元にある小さなお店を応援しよう！」というメッセージをアメリカン・エキスプレスが発信しても実際に買い物をしてくれる人は少なかったでしょう。

消費者を巻き込むためには、まずは小規模店舗（加盟店）に積極的に参加してもらう仕組みをつくることが重要です。「Small Business Saturday」というひとつのイベント、タイミングをつくったことで、小規模店舗もこの波にうまく乗ることができました。しかし、店舗側は売り上げが増えれば嬉しいですが、積極的に告知や発信をする手間はかけられません。そこでポスターやＰＯＰからフェイスブックページビルダー、ユーチューブビデオメーカーまで、小売店の宣伝をサポートする様々なツールキットをアメリカン・エキスプレスが提供。さらに参加申し込みのあった加盟店のうち、先着1万社に、フェイスブック上で１００ドル分の広告スペースが無償で提供されました。小規模店舗が参加しやすい環境を整えたことで、常日頃から消費者の日常導線にある少規模店舗が店頭やフェイスブック、ツイッターなどを介して積極的に情報を発信。地域コミュニティの個々人にまでリーチし、消費者とのエンゲージメントも強めることができたと言えます。

カードメンバー（消費者）に対しては、このプログラムへの賛同をオンラインで誓約すると、先着10万名に25ドル分のショッピングクレジットをプレゼント。「Small Business Saturday」参加店舗でのショッピング時に還元される、というメリットも提供しました。

また、アメリカン・エキスプレスは「Small Business Saturday」のプロモーションをフェイスブックとツイッターを中心としたソーシャルメディアに集中特化させました。そしてそれを効果的、かつ継続して実施するため、直接地域コミュニティを訪れ、コミュニティリーダーの支援を得るなどして、普及・浸透を行う〝リアル〟な草の根活動を実践することで、エンゲージメントやロイヤリティを一層、高めることに成功したのです。

結果、ニューヨーク市長や州知事をはじめ、ニュージャージー州、ケンタッキー州、オレゴン州、ユタ州の各知事など多くの地域リーダーたちが、それぞれの地域で「Small Business

Saturday」をサポートし、最終的にはオバマ大統領もこのキャンペーンを支持するに至りました。

地域の小売店舗に顧客を呼び込んだこのキャンペーンは、消費者だけでなく、流通や社会動向に至るまでのインサイトを把握することによって、国民的なムーブメントにまで拡大していった好例と言えます。また、クレジットカード決済によるインセンティブの仕組みづくりやO2O（オンライン・トゥ・オフライン）による集客など、マーケティング・イノベーションの発想が随所に生かされています。

「Small Business Saturday」というコンテンツを核に、コミュニケーションのレイヤーにとどまらず、事業のレイヤーまで見据えてマーケティング・ストーリーを描き、新たな市場を創出したこのキャンペーンに対し、「カンヌライオンズ 国際クリエイティビティ・フェスティバル」の審査員たちは、〝クリエイティブ〟の新しい可能性を見出したのです。

ちなみに「カンヌライオンズ」とは、毎年6月にフランスのカンヌにて開催される広告クリエイティブの国際的なイベントで、世界中の広告関係者が一堂に会し、その参加者は８０００人から１万人にのぼります。１９５４年の創設当時は、映画の劇場コマーシャルが中心でしたが、その後、広告イベントとして発展し、２０１０年までは「カンヌ国際広告祭（Cannes Lions International Advertising Festival)」という名前で開催されてきました。

半世紀を超える歴史のターニング・ポイントとなったのが２０１１年です。この年から「カンヌライオンズ 国際クリエイティビティ・フェスティバル（Cannes Lions International Festival of Creativity）」に名前が変わり、受賞作品の傾向も変わってきました。

２０１０年以前と２０１１年以降で何が一番変わったのかというと、ＰＲ部門、ダイレクト部門、プロモ&アクティベーション部門など、複数の部門で同じ作品が受賞するケースが増えていることです。このことはＩＭＣ（統合型マーケティング）が世界のマーケティング・コミュニケーションの主流になっていることを意味しています。半世紀以上にわたって「広告祭」として開催されてきたカンヌライオンズは、国際クリエイティビティ・フェスティバルとなったことで、従来型のワンメッセージ型の「広告」から、伝えたい思いやコンセプトを想起させる印象的な「物語」のかたちにして伝える「ストーリーテリング」へと主流が移ってきているのです。

さらには「Small Business Saturday」のように、事業の取り組み自体をマーケティング・ストーリーとして描き、新たな市場を創出する事例が脚光を浴びるようになってきました。「Small Business Saturday」は、２０１３年のイノベーション部門創設のさきがけとも言えるイノベーティブなプラットフォームを構築した事例であり、マーケティング・コミュニケーションが大きく様変わりしていることを象徴的に示す作品でもありました。

成功の背景にステークホルダー全員が共有できるストーリー

２０１０年にスタートした「Small Business Saturday」は、２０１３年も11月30日の土曜日に開催され大いに盛り上がりました。この4年間で「Small Business Saturday」は地域の小規模店舗でショッピングを楽しむ日としてすっかり定着しています。公式フェイスブックには約３３１万７０００人の「いいね！」が押されています（２０１4年1月現在）。これほど多くの人々の賛同を得て、キャンペーンが継続している理由について改めて考えてみたいと思います。

まずは前述したように、このキャンペーンが各州のお墨付き、さらにはオバマ大統領からも支援のメッセージをもらえたことで、国をあげてのムーブメントに拡大できたのが大きな要因と言えます。

キャンペーンを企画したアメリカン・エキスプレスはこの運動への賛同を得るために、各地の小規模店舗への参加要請と並行して、地域コミュニティのリーダーや、各地の行政機関など様々なステークホルダーに対するアプローチも行いました。このキャンペーンを実施するための枠組みづくりに欠かせないステークホルダーに、主体的に関わってもらうことで、キャンペーン賛同の輪が広がり、徐々にこのキャンペーンが〝自走〟していったのです。多くのステークホルダーの積極的な関与がなければ、「Small Business Saturday」が「公式の記念日」として認められ、全米各地に運動が広がることはなかったでしょう。

では、なぜ多くのステークホルダーがこの運動に賛同し積極的に関与したのでしょうか？それは本章の冒頭で示したように、この運動にステークホルダー全員が共有できるストーリーがあったからです。このキャンペーン全体のシナリオ（設計図）を消費者、小規模店舗、地域コミュニティ、行政をはじめとするステークホルダー全員が共有し、運動を動かしていったのです。

「Small Business Saturday」の公式ウェブサイトのトップページには、「WATCH THE STORY」（物語を見てみよう）というタグが一番目につく場所に配置されています。タグをクリックするとユーチューブの動画が流れ、そこでは「Small Business Saturday」が具現化しようとするストーリーが簡潔に描かれています。「小規模であっても常に変革を続けている店舗」、「オンリーワンのコンセプトを持った店舗」、「地域のコミュニティに溶け込んでニーズを拾い上げている店舗」など、小規模店舗だからこそ提供できる価値を伝える活動を地道に継続することで、消費者に地域に密着した小規模店舗の価値を再確認できる機会を提供しているのです。

「ブラックフライデー」や「サイバーマンデー」の狭間の土曜日を地域の小規模店舗でショッピングをする日として設定した「Small Business Saturday」は、小規模店舗のビジネスのあり方自体も変革する動きを示しています。

ここまで「Small Business Saturday」成功の要因についてお話ししてきましたが、今日のマーケティングを考える上で、このケースは非常に重要な示唆を与えてくれています。それは消費者だけでなく、すべての関与者がｗｉｎ－ｗｉｎになるストーリーが描かれているという点です。最終的に消費者の購買行動を喚起することがこのキャンペーンの目的ですが、本キャンペーンを一過性のもので終わらせず、新たな購買習慣をつくりだしていくためには、地域に根付いた小規模店舗に多くの顧客を呼び込むための「事業の仕組みづくり」が必要になります。

各地の店舗のみならず、地域コミュニティのリーダーや、行政機関など様々なステークホルダーを巻き込んだ、そのプラットフォームとも言うべきものが、事業に関わるステークホルダー全員が共有できるマーケティング・ストーリーなのです。

マーケティングにも、映画やドラマのように魅力的なシナリオが必要です。しかし企業、商品・サービスと消費者との関係性の中だけでは、成功するシナリオは描けません。

日本ではマーケティングという言葉が指すものとして、広告やＰＲ、販促プロモーションなどのコミュニケーション領域が中心と考えられがちですが、売れ続けるマーケティングには戦略的なストーリーをベースに事業全体を最適にオペレーションする仕組みが求められます。

ここで、本書のサブタイトルになっている「売れ続ける仕組みの本質」とは、何かをまとめておきます。これから各章で詳細に述べていく内容のバックボーンとなるコンセプトです。

「売れ続ける仕組みの本質」

継続的に成果を出し続けられる事業活動全体のオペレーションをマネジメントしていくこと。それは、広義のＩＭＣを実現することに他ならない。消費者だけではなく事業に関与するすべてのステークホルダーのインサイトを探り、ステークホルダー全員が幸せになるマーケティング・ストーリーを描き、それを具現化していくこと。そのためには、モノの流れである「商流」と情報の流れである「情流」の二つを意識し、統合的にマネジメントしていくことが重要である。

ここにまとめたように、本書のテーマはとてもシンプルです。

インテグレートを創業して約7年間、当社では一貫してＩＭＣに取り組んできました。この間の様々な体験を通じて得た知見を紹介しながら、「売れ続ける仕組みの本質」とは何か？　その実践の要とも言えるステークホルダーのインサイトの発見の方法、マーケティング・ストーリーの描き方、全社横断型のオペレーションの方法について順を追って説明していきます。

まずは、日本のマーケティング状況と企業のマーケターが抱える課題から考えていきます。

マーケティングをどうとらえるか？　軽視できない定義の問題

私たちインテグレートには「マーケティングがうまくいかない」、「リサーチの結果を十分に生かしきれていない」といった悩みを抱える企業の方から、相談が寄せられます。情報環境の変化により複雑化したマーケティングの課題に対応するために、自社の技術を重視して製品を市場投入するプロダクトアウト型の発想から脱し、消費者のインサイトに迫る必要性はようやく理解されつつあります。そこで多くの企業が従来の広告やＰＲへの投資に加え、その前段階で熱心にリサーチや顧客データの分析に取り組んだり、ソーシャルメディアやネット広告を活用したりと、新しい施策を始めています。しかし、それらがうまく機能しないケースを多く目にします。いろいろ話を聞き、その原因を探していくと、そもそも「マーケティング」をどうとらえるかという基本的な認識の問題に突き当たります。

日本のマスメディアや一般ビジネスパーソンが「マーケティング」という言葉を使う場合、多くはコミュニケーション（広告・宣伝、集客・販促）の手法やテクニックを指しています。そこではリサーチや商品開発、流通対策を含む多種多様なファクターが、ビジネス・プロセス全体のマネジメントによって有機的に連携するといったことまでは、あまりイメージされていません。

しかし、世界のグローバル企業のマーケティングに関する全社的な統括責任者である、CMO(Chief Marketing Officer：マーケティング最高責任者)やトップブランドのマーケターの間では、もはやコミュニケーション中心の「狭義のマーケティング観」は通用しなくなっています。マーケティングの定義も、時代の変化とともに変遷していますが、今は世界的に、統合的な「広義のマーケティング観」が主流になっています。

日本マーケティング協会も例外ではなく、グローバル化を踏まえた上でマーケティングを次のように定義づけています。

「企業および他の組織がグローバルな視野に立ち、顧客との相互理解を得ながら、公正な競争を通じて行う市場創造のための総合的活動である」(1990年)

また、国内外で最も頻繁に引用されているマーケティング学界の世界的権威フィリップ・コトラー教授の定義は次の通りです。

「個人と組織の目的を満たすような交換を生み出すために、アイデアや財やサービスの考案から、価格設定、プロモーション、そして流通に至るまでを計画し実行するプロセス」(『コトラーのマーケティング・マネジメント ミレニアム版』2001年、ピアソン・エデュケーション)。

さらに、コトラーのマーケティング論をよりコンパクトに解説した『コトラーの戦略的マーケティング』(2000年、ダイヤモンド社)では「どのような価値を提供すればターゲット市場のニーズを満たせるかを探り、その価値を生み出し、顧客に届け、そこから利益を上げること」とされています。

これらの定義を見ると、「市場創造」や「価値創造」を中心に、そこから利益を得ていく活動を幅広くとらえたものであることがわかります。したがってマーケターの仕事は、商品やサービスの上流から下流まで、クリエイティブなどのメッセージ開発を含む顧客との関係づくり、ライフサイクル全体に渡る総合的なマネジメントということになります。

マーケティングは、「モノ(サービス)をつくって売ること」に含まれるすべての活動を対象にしているということです。そこには、マーケティング・リサーチ、新製品(素材)の開発、商品デザイン、生産、物流、販売、マーケティング・コミュニケーション(広告、宣伝、販促プロモーション、ブランド・コミュニケーション)等々、様々な活動が含まれており、これらを総合的にマネジメントしていくためには、心理学や神経科学、統計学や経済学、アートやクリエイティブ等、多様な知識が必要です。

ところが日本では、未だコミュニケーション（広告・宣伝、集客・販促）を中心とした「狭義のマーケティング観」が主流の企業が多いのが現状です。日本マーケティング協会や、フィリップ・コトラー教授によるマーケティングの定義はいろいろなところで引用され、言葉としてはよく知られてきていますが、多くの場合、それが実践されていないのです。

マーケティング力に定評のある多くのグローバル企業では、マーケティング部や事業部といった名称の組織がすべてのマーケティング活動を統合的にオペレーションし、ブランドマネジメントチームが調査から商品開発、生産、マーケティング・コミュニケーション、販売に至るまで一括して有機的に実施、運営していくスタイルが一般的です。そして、それらをまとめる指揮官として、ＣＭＯという存在がいるのです。

しかし、日本では商品開発とマーケティング部門と宣伝部門が別々に存在していたり、事業部とは別の営業部門がマーケティング予算と権限を持っていたりと、組織形態が縦割りになっている企業が少なくありません。そんなマーケティングにおける意思決定権限が細分化されている狭義のマーケティング観だと、全体とのつながりや目的が見えなくなり、部分最適を求める活動に終始しがちです。

たとえば季節性のある商品にも関わらず、制作の過程で起こる様々な事情で、新製品の店頭での販売がピークを迎える時期にテレビＣＭの放映が間に合わず、季節商戦のピーク後にテレビＣＭが流れるといった、ちぐはぐが起こってしまうこともあります。

宣伝部は広告会社と一緒になって、一生懸命にテレビCMをつくっている。営業部は小売店で棚を確保するために、必死の営業攻勢をかけている。もちろん、それぞれは機能的な働きをしているのですが、「両者が動くタイミングを一致させれば売り上げを最大化できる」という意識を、それぞれの現場担当者が持てていない状況が時折見受けられます。組織の壁に隔てられた各部門が、狭いマーケティング観で仕事をしていると、こういうことが起きてしまいます。

グローバル企業に浸透する、広義の「マーケティング観」

一方で広義のマーケティング観の基になる考え方は、IMCとしてよく知られています。1990年代に、このIMCの概念を確立したのは、アメリカのノースウェスタン大学メディル・スクールのドン・シュルツ教授です。アメリカ・マーケティング協会（American Marketing Association：AMA）によれば、IMCとは「ある製品、サービス、あるいは組織の顧客や見込み顧客が受けるすべてのブランド・コンタクトが、その人にとって適切であり、時間的に一貫していることを保証するために設計された計画策定プロセス」であると定義されています。

1990年代のアメリカでIMCが生まれた背景として、多くの企業のマーケティング・コミュニケーション関係の部門が硬直し、縦割りの組織機構に阻まれて横のつながりが極めて希薄になっていたことがあげられます。今ではＩＭＣが当たり前のように行われているアメリカでも現在の日本企業と同じような課題があったのです。

企業組織内のマネジメント上の課題と同時に、ブランド戦略の重要性に対する認識の高まりもＩＭＣ浸透の背景となっていました。製品やサービスを提供する顧客層が細分化されるにつれ、製品やサービスと顧客との関係構築が重要なマーケティング課題となりました。顧客に製品ブランドやサービスブランドの価値を理解してもらうためのコミュニケーションを展開する上で、多様なブランドのメッセージに一貫性を持たせることが優先課題となり、それを伝えるコミュニケーション・メディアの統合も不可欠となったのです。

アメリカにおいて１９９０年以降、ＩＭＣは消費者との長期的な関係を構築することで競争優位を確保することを主眼に進化を遂げていきました。アメリカの企業は、ＩＭＣの概念をマーケティングの実践に導入して、顧客との長期的な関係性づくりに向けて、広告部門、営業部門、製品開発部門、広報部門などマーケティング関連部門が統合したマーケティング・コミュニケーション（Integrated Marketing Communication）を展開していきました。部門横断型の統合コミュニケーションの実践によって、必然的に組織全体に関わるビジネス・オペレーションとして、マーケティングを統合的にマネジメントしていく素地ができあがっていったのです。

また、１９９０年当時からＩＭＣの概念について、コミュニケーションにおけるメディアミックスのレベルとして狭義に位置付ける①の考え方と、経営レイヤーでオペレーションレベルまで含む②の広義の考え方があり、多くの議論がなされました。

① 広告、プロモーション、ＰＲ、ダイレクト・マーケティング、ｅコマース・マーケティングなどのコミュニケーション技法の統合。

② 顧客だけでなく、従業員、投資家、流通業者、ビジネス・パートナー、ニュース・メディアといった様々なステークホルダーとの関係をマネジメントする戦略的ビジネス・プロセスの統合。

日本におけるＩＭＣの権威である小樽商科大学ビジネススクールの近藤公彦教授はＩＭＣの概念を次のように整理しています。

「図１－(1)に示すように、コミュニケーション技法としてのＩＭＣに焦点を当てる定義から、マーケティングの戦略的ビジネス・プロセスとしてＩＭＣを捉える定義まで広がりを持っている」（「実践コーポレートブランド～日経広告手帖連載記事～」２００６年）

長らく続いた論争も、近年のインターネットの普及とデジタルテクノロジーの急激な進化によって、必然的にＩＭＣの位置付けは定まってきたように見えます。

ＩＭＣは広告、ＰＲ、セールス・プロモーション、人的販売、ダイレクト・マーケティング、ｅコマース・マーケティングなどのマーケティング・コミュニケーションの統合的技法としてのものではなく、そうしたマーケティング・コミュニケーションを軸としながら、ビッグデータの活用により、顧客やより多様なステークホルダーとの関係をマネジメントする戦略的ビジネス・プロセスとして確立されてきました。そしてそのプロセス全体をマネジメントするＣＭＯという存在が登場したことにより、マーケティングを経営レベルでオペレーションするソリューションとしての広義の意味でのＩＭＣがグローバル企業では一般的になりました。

近藤公彦教授は前述の論文の中で、ＩＭＣが本来持つマーケティングにおける革新性について、次のように述べています。

「ここで注意して考えてみたいのは、マーケティングの革新性をＩＭＣに認めるかどうかがＩＭＣのアイデンティティをめぐる議論の方向性に決定的な役割を果たしているのではないか、という点である。すなわち、この議論が提起するものは、ＩＭＣをマーケティング・コミュニケーションの新しい技法として見なすか、より戦略的なビジネス・プロセスとして見なすかというレベルを超えて、現代の成熟社会における顧客・消費者行動をどのように捉えるか、その市場に有効にアプローチするためにはどのような姿勢で臨むべきかというマーケティングの革

図１-（１）
IMCの概念の多様性

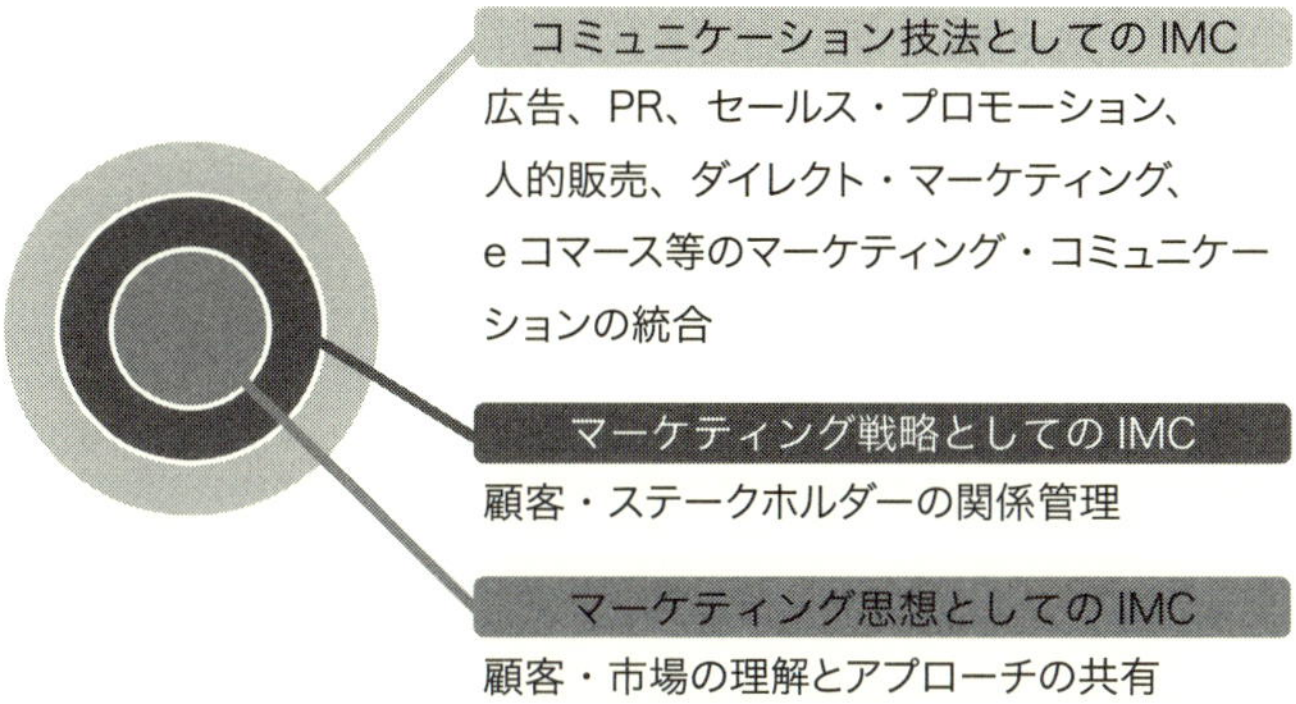

（出典：「実践コーポレートブランド～日経広告手帖連載記事～」2006年）

新性にかかわる問題である。」

このように既に10年以上前にグローバル企業ではＣＭＯをリーダーとするマーケティングの戦略的ビジネス・プロセスとしての広義のＩＭＣが一般的となっているのに対して、日本企業の多くはコミュニケーションレベルの狭義のＩＭＣさえも、未だ導入できておらず、国内市場のみならず世界市場でも苦戦を強いられているのが現状です。

本書では以後、ＩＭＣという言葉をマーケティングの戦略的ビジネス・プロセスとしての広義の意味で使っていきます。

求められるのは、売れ続ける仕組みづくり

経済環境や消費志向の変化に加え、消費者

を取り巻く情報環境も大きく変化しています。ブロードバンド化とともに、日々接する情報量が爆発的に増加し、広告などの企業からのメッセージが消費者に届きにくくなっているのです。

１９９０年代前半までは、性能のいい製品をつくり、広く知らせればモノを売ることができました。いいモノをつくれば、広告で製品の特長を伝えることで売り上げにつなげることができたのです。日本のように、テレビのキー局と新聞大手全国紙が大きなシェアを占める市場では、マスメディアのリーチ力は圧倒的で、マス広告も極めて効果的です。とりわけ、テレビＣＭの到達効率のよさは絶大で、人口比で考えれば視聴率１％で１００万人に届く計算になります。このようなメディア環境下では、消費者の情報接触行動や購買行動を細かく分析し、マーケティング戦略を綿密に設計する必要はさほどありませんでした。

一般的にマーケティングと言うと、短期的に売れるための手法やテクニックのこととらえられることが多いのですが、これまで述べてきたように、これからのマーケティングに必要なのは「売れ続ける仕組み」をつくることです。表層的に新しい手法やテクニックを導入するという次元の話ではなく、継続的に成果を出し続けられる事業活動全体のオペレーションをどうするかという問題なのです。

「売れ続ける仕組み」をつくるためのマーケティングとは、先の「Small Business Saturday」が示しているように、コミュニケーション領域にとどまらず、ビジネス・プロセスを含む広義のＩＭＣを実施することに、他なりません。

広告、ＰＲやイベント、店頭でのキャンペーン、ホームページやソーシャルメディアを使ったオンライン・マーケティングなどのプロモーション、コミュニケーション活動の前提要件と言える、各ステークホルダーのインサイトを探るリサーチ、商品開発、流通施策について統合的な戦略立案とオペレーションが必要になります。

日本では長らくマス広告の効果が飛びぬけて高い情報環境の下で、これらの多様なマーケティング活動、およびそのトータルなコミュニケーション・デザインの必要性が意識されることが、あまりありませんでした。その代わりに、質の高い製品をつくる工場の管理や顧客に届ける物流・販売網の整備、さらにキー局で視聴率の高い時間帯のＣＭ枠を押さえるという基本パターンが重視されてきました。

過去数十年間、このような環境下にあった日本では、マーケティング部門が生産と販売、広告宣伝など各部門の調整役に終始している企業が多く、結果として欧米のグローバル企業と比べて、多彩なマーケティングの知見が、企業内に蓄積されてきませんでした。

しかしインターネットの普及によって状況は一変しました。情報メディア環境の変化により、日本でもマーケティング部門がイニシアティブを取りながら、統合的なマーケティングを実施することが不可欠になってきているのです。

ブロードバンドのネットワークが張り巡らされ、スマートフォンの普及率が5割を超え、いまやいつでもどこでも情報にアクセスできる時代です。消費可能な情報量に対して選択可能な情報量が圧倒的に多くなり、日々多くの情報が消費されないまま、スルーされていきます。こうした状況に対応するには、マーケティングの全体最適化が必須なのですが、これまで各種のマーケティング施策は縦割りの組織・役割分担の中で行われてきました。広告は宣伝部、PRは広報部、店頭販促は営業部、マーケティング・リサーチは商品開発部など、それに応じて取引する相手も、広告を手掛ける広告会社、メディアでの露出を対価とするPR会社、店頭販促を手掛けるSP会社、ウェブの構築を請け負う制作会社というように、専門領域別に分かれていました。

専門性に特化するメリットもありますが、情報環境が変わる中、広告中心の時代に築かれた戦略やノウハウは行き詰まりを見せはじめています。この状況を打破していくためには、縦割りで分断されていたオペレーションを統合し、外部に委託されていた業務をいったん内制化して仕組みから再構築する必要があります。

欧米のグローバル企業では、ビッグデータやデジタルテクノロジーを駆使して、マーケティングのPDCAを高速化・高度化させています。データを分析してきめ細かく最適化するとともに、ターゲットに響くメッセージとコミュニケーション・デザインに落とし込む統合的なオペレーションが、ハイスピードで進化し続けているのです。

あらゆる分野でグローバル化が進む中では、日本企業もこのような世界の流れに追い付いていかなければ、地の利のある日本やアジアの新興国でも、すぐにグローバル企業に市場を奪われてしまうでしょう。グローバル企業では、情報量の爆発的な増加をマーケティングの課題として明確に位置付け、着々と組織的な対応を進めています。一方、日本企業では業績不振の根本的原因を景気やＩＴ化への遅れといった限定的なものとしてとらえ、全社的なマーケティングシステムそのものの問題としてとらえていないケースが多く見られます。

かつては「ジャパン・アズ・ナンバーワン」と言われた時代もあり、今でも日本企業は国際社会で一定の存在感はあります。しかし、20世紀に世界的にブランド力を高めた日本の一流企業の多くは統合的なマーケティングなしに成長してきてしまいました。

勤勉で真面目な日本人ならではの高い品質管理レベルの実現や、ホスピタリティによる顧客満足、個々の事業部門の努力などの個別の優れた取り組みにより、以前は全体最適化の仕組みがなくても、部分最適型のマーケティングでもこと足りていたのです。しかし、このままでは近い将来、グローバル競争から取り残されるのは間違いありません。

〝日本式〟のままでは、レッドオーシャンから抜け出せない

マーケティングの目的とは、既存市場でのシェアを最大化することに加え、消費者の顕在化していない潜在的なニーズを洞察し、新たな需要を喚起し、新市場を創造することです。かつての日本企業は、海外の優れた製品や技術をベースに安価で、しかも品質の優れた製品を開発

することで世界市場を席巻していきましたが、機能競争が行き着くところまで行き、コモディティ（同質）化が進む成熟市場では、新たな需要の喚起が非常に難しくなります。しかも、かつての価格優位性も、中国をはじめとするアジア諸国のコスト競争力や、世界市場で成功を収めているグローバル企業のスケールメリットによるコストダウンの前に、揺らいでいます。

今後、日本企業が進むべき道は、イノベーションにより新しい需要を創造する以外にないでしょう。そして、ここで言うイノベーションとは、技術革新によって画期的な商品を開発することだけを意味するのではありません。マーケティング・オペレーションの革新、つまりは市場ニーズを汲み取り、消費者が欲しいと思う製品を開発し、その製品の存在を広告やＰＲ、販促というコミュニケーション戦略によって伝えることで需要を喚起して販売するという、一連の活動が統合的に行われる仕組みを構築することも、イノベーションのひとつと言えます。

アップルがｉＰｈｏｎｅやｉＰａｄを開発し、アマゾンがＫｉｎｄｌｅにより電子書籍の概念を一新し、グーグルやフェイスブックが革新的なサービスを生み出したのも、すべて既存の市場概念や常識にとらわれない自由な発想でビジネスを展開した結果です。それにより、新しい市場が創造されましたが、そこには間違いなくイノベーションがありました。

しかし、悩みを抱えて相談に来る日本企業の方々の話を聞いていると、既存市場で顕在化しているニーズをいかに効率的に刈り取ってオプティマイズ（最適化）するかという視点でしか課題解決の方向性をとらえられていないケースが多く見られます。ビッグデータの活用がマーケティングの重要課題であることは間違いありませんが、データから売れ筋（顕在化している需要）を分析しているだけでは、新しい市場の創造はできません。競合他社よりも速くデータ分析を行い、ＰＤＣＡを回せば先行した時間の分だけ利益は出るかもしれませんが、すぐに追随されて市場はレッドオーシャン化してしまいます。しかし、業績が伸び悩む企業を見ていると、過当競争に陥ることがわかっていながらも、レッドオーシャンに突っ込んでいこうとする傾向が見られます。

顕在需要に目が向きがちなのは、ＩＭＣに基づく全体最適型のマーケティングの考え方が浸透していないためであり、ＣＭＯのような、事業全体を俯瞰し意思決定できる権限を持ったマーケティングの専門家が社内に存在しないためです。

経営陣から四半期ごとの成果を求められる現場の部門長にして見れば、短期間で効果が出る顕在需要刈り取り型のオプティマイズ型のプランのほうが提案しやすいでしょう。経営陣にしても市場創造型のプランがあがってきても、潜在需要を掘り起こせると確信できる判断材料と経験が十分ではなく、採用しづらいということもあります。背後にはリーマンショック以降、経営者の判断はより慎重になっており、安定性を重視する傾向が強まっているという事情もあるでしょう。

潜在的なニーズを掘り起こし、新たな市場を創造するには、顕在的なニーズから確実に利益

図1-(2)
顕在需要と潜在需要のバランスを取る

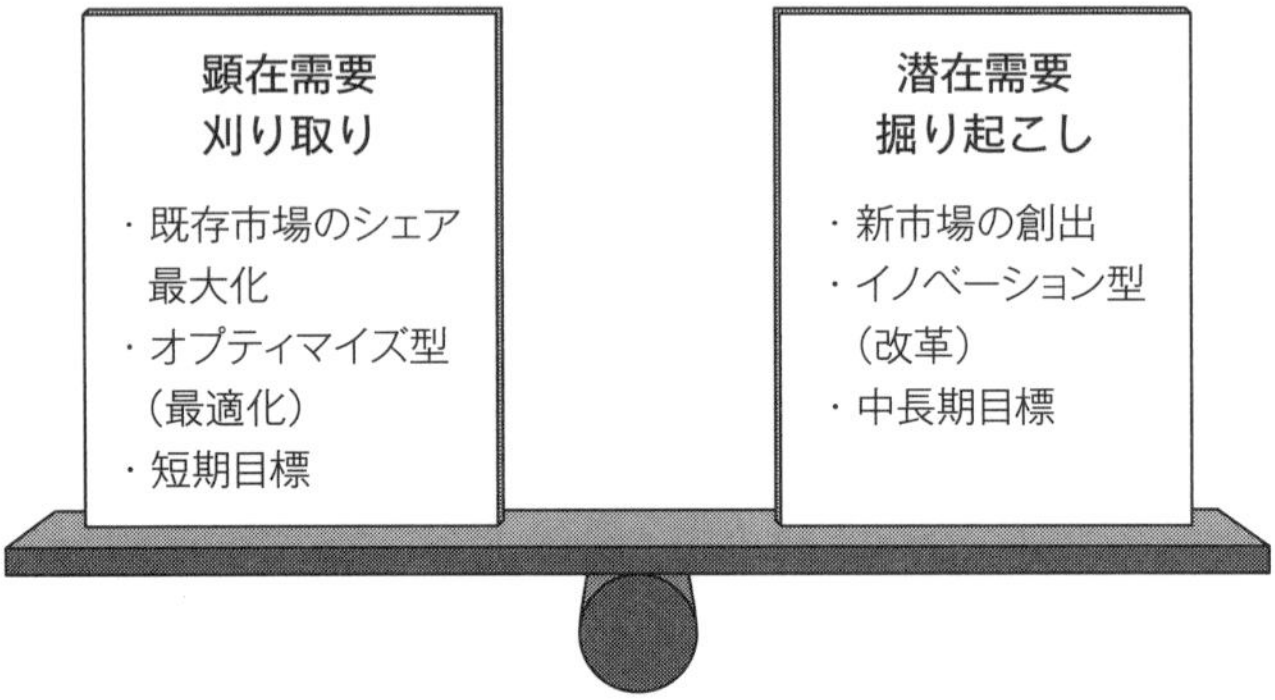

を得るためのオプティマイゼーションよりも、はるかに複雑な手順と時間が必要です。その代わり、競合がいないブルーオーシャンで得られる利益は比べものにならないくらい大きなものです。

ただ経営層が慎重になっている状況下、現場の判断だけでブルーオーシャンに飛び込むのは難しいため、実現に際しては事業全体を俯瞰し、投入する経営資源を見極め、全体最適化できる統合的な仕組みをつくることが必要です。実行前に、この設計図が描けていれば、決して無謀なチャレンジではなく勝算のある計画であることを、経営層にまで理解してもらうことができます。

ブルーオーシャンに漕ぎ出すことは大きなチャレンジですが、必ずしも危険な賭けではありません。押さえるべきポイントを押さえて着実にステップを進めていくことで、「売れ続ける仕組み」を構築することが可能だからです。それでは、ここからそのステップについて説明していきましょう。

ビッグデータを見ているだけでは、イノベーションは起こせない

インターネットの爆発的普及により、一変した情報環境下で消費者は世界中の情報をいつでも入手できるようになりました。もはや消費者は、企業から製品や情報の提供を待つだけの受け身の存在ではなくなっています。

ここまで環境が変化した中で、企業が自社の思い込みによる「プロダクトアウト」発想の画一的な商品を提供していては、消費者を振り向かせることはできません。そこで必要となるのが「消費者起点の需要創造」です。真に消費者視点に立った、ビジネスのあり方が今、問われているのです。消費者の声に真摯に耳を傾け、消費者が真に必要とする商品やサービスを考えない限り、新しい需要は喚起できない時代。だからこそ今、企業にはこれまでのアプローチにとらわれない新しいマーケティング・プロセスが求められていると言えます。

革新的な商品開発においては、コンセプトづくりがキーになります。その主な要件は、①市場ニーズを的確に満たしているか、あるいは将来のニーズを予感させること、②根源的また共通のニーズに適応していること、③顧客に対し、創造的提案になっていること、④他社製品と差別化され、新鮮なものであることです。それらに欠かせないのは、あくまでも消費者のニー

ズ、ウォンツ発想であり、日本企業が従来得意としてきた技術や製品からのプロダクトアウト発想ではありません。

消費者が成熟するにつれ、それまでの表面的な分析だけでは説明できない消費者行動が増え、消費生活はより複雑になりました。前述のように市場は飽和し、商品機能はコモディティ化、消費意欲が減退し、製品クオリティや価格だけでは購買意欲を刺激することが難しくなる中で、消費を喚起していくためには、消費者の心を動かしている潜在的な欲求を理解することが、ますます重要になってきています。だからこそ「消費者起点の需要創造」においては、「消費者インサイト」を読み解くことが重要なのです。

消費者インサイトとは、消費者調査やこれまでの経験、社会的動向などを踏まえた洞察によって導き出された、消費者の行動や態度の根底にある本音、核心のことです。多様化・複雑化する価値観を持つようになった消費者の琴線に触れる文脈（コンテクスト）をつくるためには、表面的な分析だけでなく、ときとして消費者自身も意識していない欲求や思考の洞察が重要であるという考えから生まれたアプローチです。

近年、消費者インサイトはマーケティングや経営の領域において、消費者との関係構築のための「共感点」として、とても注目されています。ただ消費者インサイトを正確に把握するのは容易なことではありません。アンケートやインタビューといった従来型のマーケティング・リサーチだけでは、リサーチャーが意図する範疇を超えた回答を得ることは難しく、購買行動を起こすリアルな消費者心理を分析するデータとして十分とは言えないからです。最近では、エスノグラフィー※1等の行動観察のアプローチも注目されていますが、私自身、世界中にある様々な消費者インサイト把握に有効であるというメソッドを探索し、体験してみているのですが、未だこれという手法にはめぐり合えていません。

そんな中、ビッグデータの時代を迎え、MROC※2のような新しいオンラインリサーチ手法、テキストマイニングのような解析手法の登場、アドテクノロジーの進化、ソーシャルメディアの普及等によって、消費者の日常的な行動をデータ化し、会話を観察・傾聴することが可能となったため、テクノロジーによって消費者インサイトを正確に把握することができるようになってきたと言われています。

はたして本当にそうなのでしょうか？

確かにビッグデータの活用により、格段に精度の高い需要予測ができるようになりました。たとえば金曜の夕方、とあるエリアにおける飲食店を「ぐるなび」、「食べログ」などのグルメサイトで検索した人のデータとそのエリアのコンビニエンスストアでの二日酔い予防ドリンクの実購買データとを突き合わせることにより、何らかの相関関係を見つけることができるようになるかもしれません。それによりコンビニエンスストアでは品切れを起こさないような最適な仕入れを実現できるようになるでしょう。あるいはウェブ上で検索した人にエリア近くのコンビニエンスストアの地図を表示することで、店舗への誘導を図れる可能性もあります。

こうしたプロモーションのために行われるのが、検索エンジン連動広告(リスティング広告)や、行動ターゲティング広告、特定のキーワードを狙ったホームページやネットショップのSEO対策です。

さらに、スマートフォンの普及が進んだことにより「ライフログ」と言われる、その人の行動履歴をリアルタイムに位置情報含めて把握できるようになりました。また、ソーシャルメディア上には様々な人の生の声が溢れています。それらの声に耳を傾けることにより、いま自社の製品が消費者にどう思われているのかを簡単に知ることもできるようになりました。

しかし、それらはすべて自分が既に経験している行動に基づいた〝実需・要求〟であり、顕在需要に関するデータです。活用することで既に顕在化している需要の予測、刈り取りの精度を上げることはできますが、新しい需要を誰かが創りあげなければ、いずれその需要は枯渇して、刈り取りつくした後に焼畑が残るだけです。

日本企業において、いま本当に必要なのはこれまでにない画期的な製品やサービスの開発による需要創造であり、それこそが「売れ続ける仕組み」を確立するために必要なことなのです。

※1　エスノグラフィー(Ethnography)……文化人類学や社会学で実施する集団行動様式の調査方法を応用して、企業が消費者の購買行動を定性的に把握する方法。

※2　MROC(Marketing Research Online Community)……マーケティング・リサーチを目的としてオンライン上に設けられた、ある一定期間集められた人々の集まり、コミュニティ。

「情流」と「商流」を一致させるストーリーをつくる

では具体的に「売れ続ける仕組み」とは、どのようにつくればよいのでしょうか。ここから、徐々に本書の本題に入っていきます。一言で表現すれば、そのポイントとは、モノと情報があふれている今､モノの流れである「商流」と情報の流れである「情流」を意識し､統合的にマーケティング・ストーリーを設計することです。

冒頭でも書いたように、マーケティング・ストーリーとは映画で言う脚本のようなもの。映画をつくる際は、そこに関わる全員が脚本に目を通し、全体の構成や伝えたいメッセージ、それぞれのシーンの役割を把握した上で、撮影が進んでいきます。たとえば各シーン一つひとつをインパクトある、素晴らしいものにしようと全力を尽くして撮影したとしても、脚本全体の流れを把握していなければ、最終的に良い作品にはならないでしょう。

マーケティングにおけるストーリーも同じだと私は思うのです。

ほんの数年前までは、知りたい情報を検索するのはオフィスか家にあるパソコンを使うしかありませんでした。今はユビキタスなネットワーク環境と、大容量のスマートフォン、スマートデバイスが普及したことで、どこにいてもリアルタイムで情報を検索できるようになりました。情報収集源となるメディアも、フェイスブックやラインのようなソーシャルメディアに急速にシフトしています。情報を見るシチュエーションも使うデバイスも利用するメディアも大きく変わってしまったのです。

それによって、消費者の購買行動にも大きな変化が起きています。

たとえば家電量販店は、多くの人にとって、実物を触って確かめる場であって、欲しいモノを購入する場とは限らなくなっています。消費者は店頭で商品を見て購入の意思を固めると、その場でスマートフォンを使って情報検索を開始。口コミ情報を見るばかりか、他店の価格情報を検索・比較し、最も安い価格を提示しているネット通販会社で購入する「ショールーミング」と言われる消費行動も一般化しつつあります。

このように、消費者の購買行動は、かつてのように店頭で見て、使用感を確かめて、その場で買うという従来のあり方から大きく変化しています。情報量の拡大、メディアの多様化、ソーシャルメディアの普及により、消費者の情報接触行動は変化し、デジタルとリアルの垣根なく購買行動を行うようになっています。モノと情報の量が爆発的に増え、さらにタッチポイント※1がリアルにデジタルと多様化したことで、マーケティング・コミュニケーションはますます複雑化し、高度化しています。

だからこそ、デジタルとリアルすべての情報や状況を俯瞰し、全体に一本筋が通った「マーケティング・ストーリー」を設計し、それを軸とすることが重要なのです。

図1-（3）
商流と情流の連携

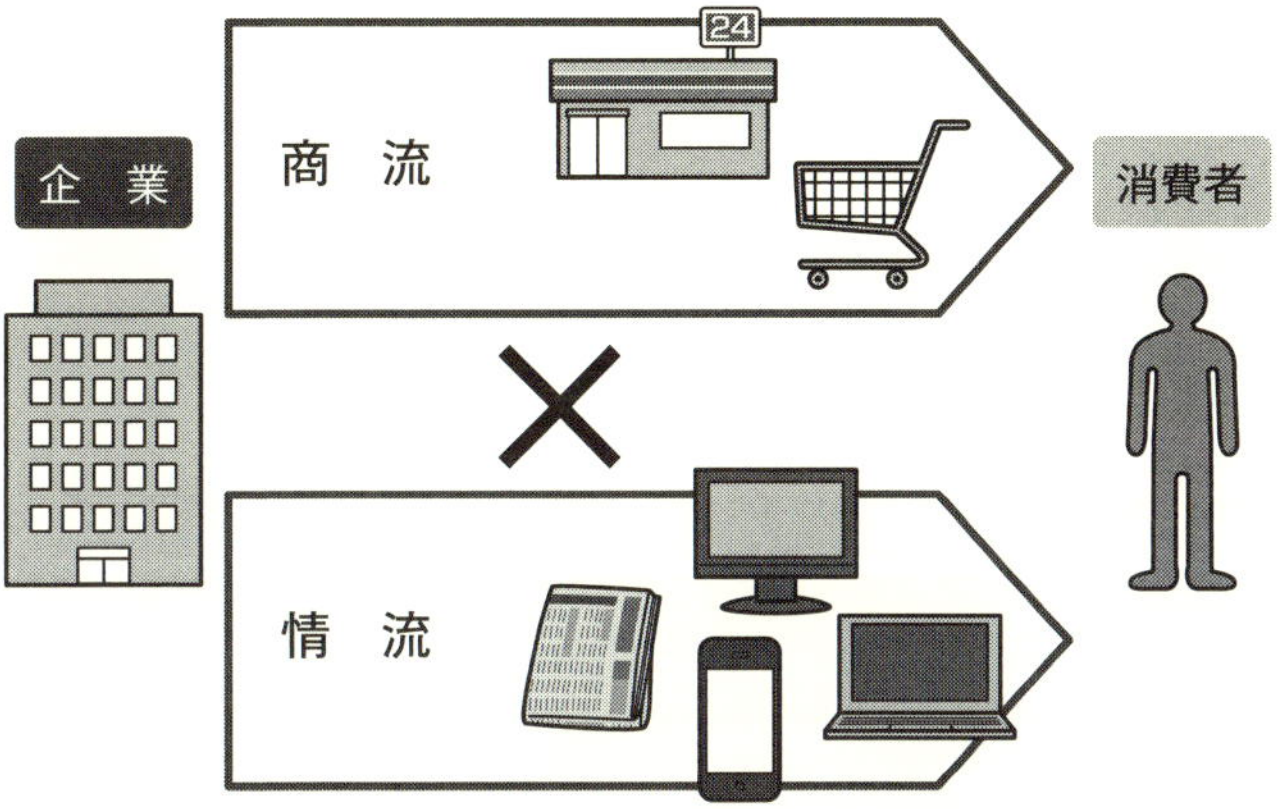

「商流」と「情流」を一致させるマーケティングの方法として、２０１３年にマーケティング業界では「Ｏ２Ｏ」という言葉に注目が集まりました。これは、オンライン・トゥ・オフラインのことで、ネット上でのオンラインの情報接触行動をもってオフライン、つまり店舗における購買行動につなげる施策として知られています。フェイスブックページのファンや自社サイト会員向けにクーポンを出して店の利用を促す仕掛けなどがその代表例です。ちなみにこの「Ｏ２Ｏ」というワードは日本固有で、海外では「オムニチャネルマーケティング※2」と呼ばれ、もう少し広義な意味で使われるのが一般的です。

これまでの日本のＯ２Ｏ施策は単発型で一方向、お得な情報やクーポン配信に終始しているものがほとんどです。これではＯ２Ｏは単なるオンラインでのクーポンのばらまき施策の略称になってしまいます。

しかし本当に重要なのは、継続的な顧客育成を目的とし、オンライン（デジタル）とオフライン（リアル）を、消費者の行動導線に合わせ、有機的に組み合わせ双方向で継続的に機能するマーケティング戦略を設計することです。そもそも企業が抱えているマーケティング課題とは何かを考え、その解決プロセスのどこにオンラインを位置付け、どこにオフラインを位置付ければ効果を最大化できるのか。まさに店頭に限らず、イベントやサンプリングなどのリアルなタッチポイントと、デジタル上に存在する様々なメディアやデバイスをメディア、メソッドニュートラルに駆使するオムニチャネルなマーケティングアプローチが今、求められているのです。

従来のような一方通行で「伝える」やり方ではなく、顧客にきちんと情報が「伝わる」マーケティング・コミュニケーションのために必要とされているのが、デジタルとリアルのタッチポイントが有機的につながった、循環型のコミュニケーションと言えます。

※1　タッチポイント（Touchpoint）……製品・サービスのブランドと消費者とのあらゆる接点のこと（博報堂の登録商標）。
※2　オムニチャネルマーケティング……実店舗やＥＣをはじめとする、あらゆる顧客との接点を統合すること。

消費者インサイト把握に欠かせない「カスタマージャーニー」

次に消費者インサイト発見の重要性について述べていきます。情報量が飛躍的に増えてから、消費者の「意識」と「行動」のギャップが広がっていく傾向が顕著になってきています。日々溢れるほどの情報と接することで消費者は強力な情報バリアを張り、自分とは関係のない情報をスルーするようになっています。この10年で、消費可能な情報と、選択可能な情報の差は数十倍～数百倍に膨れ上がっていると言われています。

「意識」と「行動」のギャップが大きくなっているからこそ、リサーチやデータの分析・洞察の役割は、ますます重要になっています。モノが売れない時代に消費者の心を動かすには、「認知から購買に至るまでのプロセス＝カスタマージャーニー」の把握が欠かせません。カスタマージャーニーとは、消費者が該当商品とどのような接点を持ち、どのような体験をするのかを探りながら、認知から購買に至るまでの行動プロセスを可視化し整理していくことです。そして、その購買プロセスのフロー図を「カスタマージャーニーマップ」と呼びます。

正確なカスタマージャーニーマップを描くためには、消費者が自分でも明確には意識できていない、潜在意識として心の深層に存在する〝欲求・願望〟である消費者インサイトをどう見

図1-（4）
カスタマージャーニーマップ

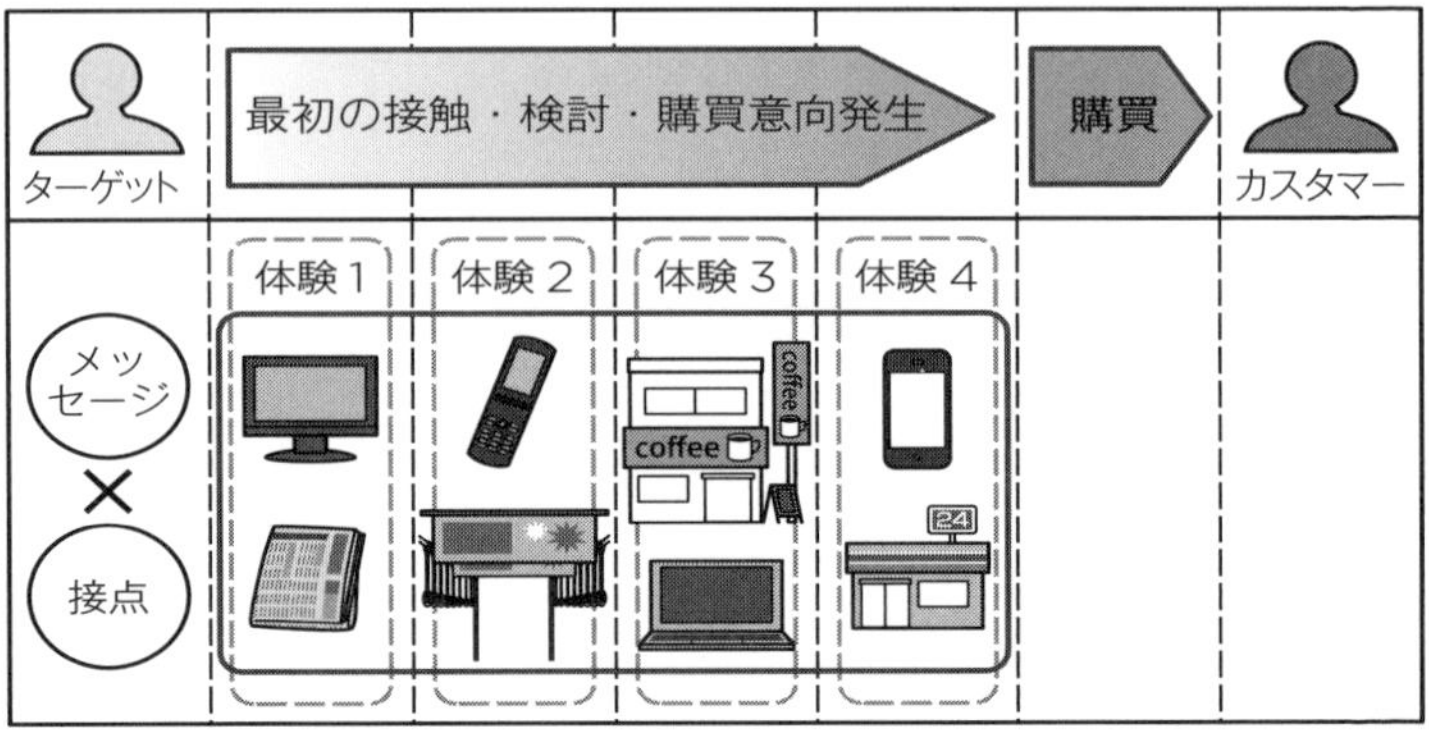

つけ出すかが重要です。しかし先に述べたように、ライフログデータは過去に起きた事象、既に顕在化している意識、行動に関するもので、それを見ているだけでは、潜在需要という未来まで読み取ることまではできません。

自分のインサイトは消費者自身もよくわかっていないもの。ソーシャルメディア上のつぶやきやコメントであっても、自分でも明確に意識していない〝欲求・願望〟までダイレクトに口に出すことなどできるはずがありません。需要創造のキーとなる消費者インサイトそのものは、生データとしては存在していないのです。ただし、間違いなく生データの中にそれを読み解くヒントは眠っています。具体的には「何を解決したいか」、「どうなりたいか」という、生声からインサイトを推察することは可能です。

そこで今、注目されているのが高い分析、計算能力と現場におけるデータ収集など、ビジネススキルも併せ持った「データサイエンティスト」の存在です。しかし彼らが膨大なデータから確率の高い答えを導きだすために不可欠なのが精度の高い仮説。そして、どんなにデータの解析技術が進んでもテクノロジーだけでこの仮説を立てることは不可能です。結局、膨大なデータを生かすためにも、最後は人間が持つ創造性というアナログなストーリー構築の能力が重要なことには変わりがないと言えるでしょう。需要創造というイノベーションを起こせるのはデータでもテクノロジーでもなく、人間の英知であるということを我々は決して忘れてはいけません。

消費者だけを見ていても売れる仕組みはつくれない

マーケティング・ストーリーを描く上では、まずは消費者のカスタマージャーニーを把握することが必要だと述べてきました。しかし、消費者インサイトに基づいて描かれたストーリーは、あくまで部分最適の解にすぎません。真に売れ続ける仕組みをつくる上では、マーケティング・プロセスの全体最適となる解を見つけていく必要があります。具体的には、何度も述べているように消費者のみならず、あらゆるステークホルダーが幸せになれるストーリーを見つけることです。消費者はステークホルダーの中でも特に重要な存在ではありますが、消費者だけを見ていても、継続して売れる仕組みはつくれません。広義のＩＭＣに基づく、社内外の各ステークホルダーのインサイトを洞察していくことが極めて重要になります。

たとえば社内の研究開発とマーケティング部門が、どんなに革新的な新製品を開発しても、それを社内の営業部門が高いモチベーションを持って積極的に販売しなければ、売れません。また販売チャネルである流通が取り扱ってくれなければ消費者にサービスや製品を届けることはできません。社外に目を向けても、広告が以前ほどには効果を発揮しづらい今の情報環境においては、メディアでいかに大々的にその製品を取り上げてもらえるかも、ますます重要になっています。それゆえメディアもステークホルダーのひとつであり、彼らのインサイトを把握し、いかにPRによる情報露出を図り、ソーシャルメディアでの話題につなげていけるかを考える必要があります。また、各製品分野におけるオピニオン・リーダーたちとの関係構築も欠かせません。

このようにプランニングの起点は消費者のみならず、これらビジネスに関係する社内外すべてのステークホルダーを洗い出すこと。そして、そのインサイトを発見することから始まります。このマルチなインサイトを得るには、データ分析やリサーチを丹念に行い、科学的な視点でインサイトを洞察し、それに基づいてマーケティング施策を連続的に、全体を最適化するように設計・運用していく必要があります。

マーケターの役割とはリサーチやデータを分析することだけではなく、そこから得られた情報を基に、消費者をはじめとする各ステークホルダーのインサイトを見つけ、すべてのステークホルダーの「心のスイッチ」を押し、最終的に消費者の購買行動へ結び付けるためのストーリー、仮説をつくることです。そして、そこからどう消費者に情報を発信し、伝わるようにしていくかストラテジー（戦略）や方法論を考えていくことなのです。

モノと情報があふれ、購買行動に至る経路が複雑になってきたからこそ、より丹念にお客様の意識や行動を調べて、各ステークホルダーのインサイトを探索して実効性のあるマーケティング施策に落とし込んでいく必要があるのです。

インテグレートでは、マーケティング課題を解決するために、メディアニュートラル、メソッドニュートラルな統合型のマーケティング戦略を設計する、「情報クリエイティブ」という独自のアプローチをとっています。

消費者の潜在意識の中にしかない、あるいは顕在化した行動の奥底にあるインサイトを探り当てるリサーチの方法論やデータ分析のスキルは、効果的なマーケティングを行っていく上で非常に重要です。しかし同時に科学的で体系的なアプローチも考えないと、マーケティングの効率を高められないまま、データだけが累々と積みあがっていくことになってしまいます。科学的で体系的なアプローチに基づき、統合型のマーケティング戦略を設計するとは、具体的にはインサイトを基に、企業の伝えたいメッセージではなく、消費者が興味を持つ観点で、文脈を組み立てること。それにより、メッセージが届く精度もマーケティング活動の効率も高めることができるのです。前述の「情報クリエイティブ」とは、まさにカスタマージャーニーに沿って、きめ細かく仮説・検証を繰り返しながら精度を高めていくという学習・進化型のフレームです。そして消費者インサイトのみならず幅広く関係者のインサイトを探索していく、「情報クリエイティブ」については、第2章以降で詳述していきます。

マーケターは、ビジョナリストであれ

私は常々、マーケターとはビジョナリストであるべきだと考えてきました。その事業や商品が誰に価値をもたらし、それが広がることでどのような世の中になり、どのように人を幸せにしていけるのか、という明確なビジョン。さらに、そのビジョンを実現することで、社内の商品開発、営業、加えて流通企業といったすべてのステークホルダーが幸せになるストーリーを描くこと。その二つが、ビジョナリストであるマーケターに必要なことです。

たとえば消費者がその製品を使うことによって、幸せになるのであれば商品はヒットし、流通企業の売り上げも増えます。商品が話題を呼べばメディアも興味を示し、読者に読まれる記事を配信することができます。このように、核となるストーリーを各ステークホルダーの立場に置き換えて調整し、最終的に皆が幸せになるストーリーに落とし込んで提案するのがマーケターの役割です。関わる人たちすべてがメリットを享受し、幸せになることがわかれば、推進

力は一気に加速します。

第1章ではマーケターを取り巻く課題と、その解決策として、「売れ続ける仕組み」をつくっていくことが必要であると述べてきました。「売れ続ける仕組み」とは、その商品やサービスに関わる全員が幸せになるビジョンとも、言い換えることができます。よくマーケターの人たちが「仕掛ける」という言葉を使うとき、目先の利潤を追求する活動ととらえられがちですが、皆が共感できて、「これならついていける！」と思わせる素敵なビジョンを含んだストーリーを見せることも、マーケターの「仕掛け」と言えます。この仕掛けがうまく機能し始めた瞬間、それを見ることが私は、この仕事の醍醐味だと感じてきました。

〈参考文献等〉
『情報大爆発―コミュニケーション・デザインはどう変わるか』秋山 隆平（著）（宣伝会議）
『明日の広告 変化した消費者とコミュニケーションする方法』佐藤 尚之（著）（アスキー）
『コミュニケーションをデザインするための本』岸 勇希（著）（電通）
「デジタルテクノロジーでどう進む？ マーケティング・コミュニケーションの最先端」『宣伝会議』２０１３年4月1日号
『マーケティング10の大罪』フィリップ・コトラー（著）、恩蔵 直人（編）、大川 修二（訳）（東洋経済新報社）
「マーケティング・ダッシュボード―マーケティング戦略の『見える化』」塩崎潤一、INSIGHT SIGNAL（野村総合研究所）

第2章 ― インサイトの発見とメッセージ開発

ジョブズの〝センス〟を再現可能なプログラムにする

スティーブ・ジョブズがこんな言葉を遺しています。

「消費者に、何が欲しいかを聞いてそれを与えるだけではいけない。完成するころには、彼らは新しいものを欲しがるだろう。多くの場合、人はかたちにして見せてもらうまで自分が本当は何が欲しいのかわからないものだ」

ｉＰｈｏｎｅ開発のようなイノベーションを起こすには、消費者自身も意識していない潜在的な欲求や願望の発見こそが重要だということを、かの天才ジョブズも強く意識していました。この潜在意識下の欲求や願望を見出すこと、つまり消費者のインサイトを発見し、彼らの琴線に触れる文脈（コンテクスト）を持ったストーリーをつくることが「売れ続ける仕組み」づくりには欠かせないことだと、第１章でも述べてきました。

では、誰もがジョブズのような洞察力を持つことは可能でしょうか。

ジョブズは市場調査をしなかったことで有名です。直感的に人々の潜在的な欲求がわかる才能を持っていたからこそ、ジョナサン・アイブのようなデザイナーやエンジニアたちを駆り立てて、テクノロジーの粋を集めてヒット商品を世に送り出すことができたのでしょう。

ｉＰｈｏｎｅの場合には「携帯電話をこんなふうに使えたらいいな」というウォンツへの仮説

（マーケットインでインサイトに迫る発想）と、「ムーアの法則」から導き出される、半導体をもっと小さく安くつくれるはずだというシーズ（技術やノウハウ）側の仮説を合致させたことで、世紀のヒット商品になりました。それまで世の中に存在しなかったモノを世に送り出し、スマートフォンの新たな市場を創造したのです。

ビッグデータの時代となり、スマートフォンをはじめとするスマートデバイスと、ソーシャルメディアの普及によって、消費者の日常的な行動（ライフログ）がデータ化できるようになり、データを解析する技術も進化を遂げつつあります。これによって、消費者インサイト（消費行動やその根底にある本音）の発掘も容易になったと考えられています。しかし、顕在化した需要を定量的に分析していくだけでなく、消費者を購買行動に駆り立てるドライバーは何なのか、仮説を構築し、仮説検証を繰り返していくことが極めて重要です。

では、直感で消費者のインサイトを洞察したジョブズの思考プロセスをシステム化することは可能でしょうか。それはどんな領域の製品にも適応可能で再現性があり、誰もが使いこなせるものでなければなりません。なぜなら天才マーケターはどこの企業にもそうそういるわけではないからです。だからこそインサイト発見のプロセスを再現可能なプログラムにすることが、マーケティングの目的である「売れ続ける仕組み」をつくる上で重要なプロセスとなります。

仮説検証の積み重ねで、購買行動を喚起させるメッセージをつくる

本章では、ジョブズのようなマーケティング・センスを再現性のある仕組みに落とし込む方法を紹介していきます。私たちは、これを「情報クリエイティブ」と呼んでいます。これまで既に様々なジャンル、製品分野において実践済みであり、その効果が確認されている方法ですが、さらに日々進化させていくことを前提とした柔軟なメソッドとして体系化しています。この方法自体が「カスタマージャーニー」に沿って、きめ細かく仮説・検証を繰り返しながらメッセージの精度を高めていくという学習・進化型のフレームを持っています。

対象とする商品やターゲット層となる消費者のタイプ等々の諸条件により、作業段階での細かな違いはありますが、基本的には次の5つのステップで構成されています。[1]から[5]までが常に順番通りに進むわけではなく、必要に応じて、各ステップの間を行ったり来たりしながら、仮説を精緻化して最終的に購買行動を喚起させるメッセージを完成させていきます。

情報クリエイティブと、一般的な広告クリエイティブ開発の最大の違いは、そのプロセスにあります。大きくは二つの決定的な違いがあり、そのひとつが商品やサービスの特性を送り手の側から〝伝える〟マス広告を前提とした従来のクリエイティブの開発手法とは異なり、商品やサービスの情報が消費者に〝どう伝わったら〟実際に買ってもらえるか、という受け手側か

図２-（1）
情報クリエイティブ　フロー

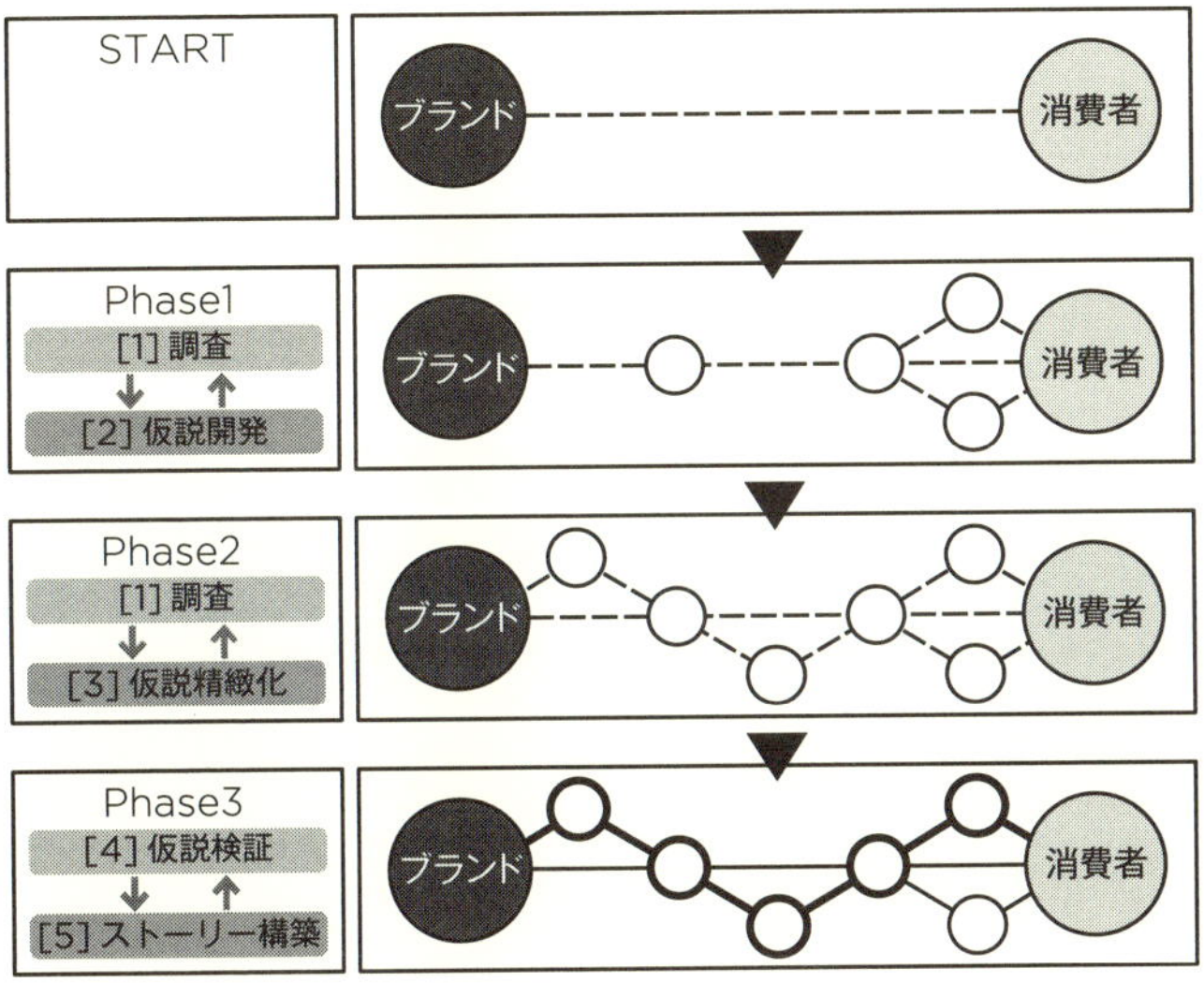

※消費者と商品（ブランド）をつなぐメッセージの文脈（コンテクスト）を、以下のステップで構築していく。

[1] 消費者と商品（ブランド）との接点を探る調査。
[2] 仮説開発…［1］の調査を基に「買いたくなる」仮説を開発する。
[3] 仮説の精緻化…［2］で開発した仮説が各ステークホルダーの正しいインサイトに基づいているかを検証する。
[4] 仮説の検証…［3］で精緻化した仮説が実際に購買に結び付くかどうかを検証する。
[5] 自走するストーリーの構築。

らの視点を重視してプランニングを行うことです。受け手の意識を表わす言葉として、私たちはよく「パーセプション」という言葉を使います。一般的に、この言葉は「知覚、認知、理解」と訳されますが、消費者があるメッセージを受け取ったり、ある体験をしたときの心の状態を指して使っています。そして情報クリエイティブは、消費者のパーセプションに立脚したメソッドになっている点が特徴です。

二つ目の違いが、消費者のパーセプションを基点にしながらも、その開発プロセスでは消費者のインサイトに加え、その製品カテゴリーに影響を与える専門家、ジャーナリストなどのオピニオン・リーダーの見解やメディア報道の方向性、流通、ソーシャルメディア上の口コミ等々、各ステークホルダーのインサイトも同時並行で探り、軌道修正をしていくことです。当然のことながら、消費者は企業から発信されるメッセージだけを見て購買を決めているわけではありません。最終的に消費者にどのように受け取られるか（パーセプション）を考える上では、他の情報接触経路も考え、購買に影響を与える様々なステークホルダーからも理解を得られるメッセージへと昇華させていく必要があります。これは対消費者だけの視点でつくられている、従来の広告クリエイティブと決定的に違う点と言えるでしょう。

それゆえ、実施にあたるプランナーは、それらを並行して進めたり、ひとつの仮説とその検証結果を別のアクションに反映させたり、きめ細かく全体を調和させる、オーケストラの指揮者のような役割を担います。オーケストラが、様々な楽器をチューニングしながら、最終的に全体を調和させ、カスタマージャーニーという交響曲を完成させていくようなプロセスなのです。

また、可能な限り高い精度で購買行動に直結するメッセージを設計していくために、カスタマージャーニーと併用して「パーセプションフロー」を利用します。カスタマージャーニーが消費者の認知から購買に至る行動プロセスを可視化するものであるのに対して、パーセプションフローは、消費者の認知・理解という意識の変化を検証していくためのものです。

その設計過程では、仮説・検証のプロセスを繰り返す科学的なアプローチを行います。一方、消費者の感性に訴えるためには、面白さやわくわく感、驚きなどの情緒的アプローチも重要で、その意味で仮説検証型のロジカルなプランニングとエモーショナルなクリエイティブ・ワークの融合したメソッドと言えます。

「お客様は神様」は部分最適の解にすぎない

消費者のパーセプションを基点にしながらも、様々なステークホルダーのインサイトともすり合わせながら進めていくのが、情報クリエイティブならではの特徴だと説明しました。58ページで述べた、５つのステップは第３章で詳述しますが、その前に、この違いが生む有効性について触れておきたいと思います。

日本には、「お客様（消費者）は神様である」という考え方があります。もちろん最終的に買っていただくのはお客様という意味においては、一番大事な存在であり、今後も神様であり続けることでしょう。しかし、そのお客様はモノやサービスを選ぶ際にどこから情報を得て、誰の意見に耳を傾けているでしょうか。また、どこで買いたいと考えているでしょうか。

現代の消費者は、高い操作性や品質といった、企業が発信する製品のスペック情報だけでなく、その製品やサービスの提供価値が自分にとってどれだけ役に立ち、有益なのかについて、メディアやそこに登場するオピニオン・リーダー、ネット上の友人知人などの口コミ、店頭などから様々な情報を得ることができます。消費者に情報が伝わる経路が以前に比べ、とても多様化していて、どのようなメッセージを誰から伝えるかといったことまで考えていかなければ、購買というアクションを起こさせることはできません。

消費者にモノやサービスの情報が届くまでのプロセスを見ると、多くの関与者とそれらステークホルダーの多様でマルチなインサイトが存在しています。それはメッセージを〝世の中ごと化〟してくれる新聞、テレビ、ウェブ媒体などの「メディア」であり、発言、発信することで社会的な影響力を持つ専門家や著名人などのオピニオン・リーダー（本書では「ソーシャル」と記述します）であり、実際に売り場をつくっている「流通」です。「メディア」、「ソー

図２-（２）
マルチインサイト

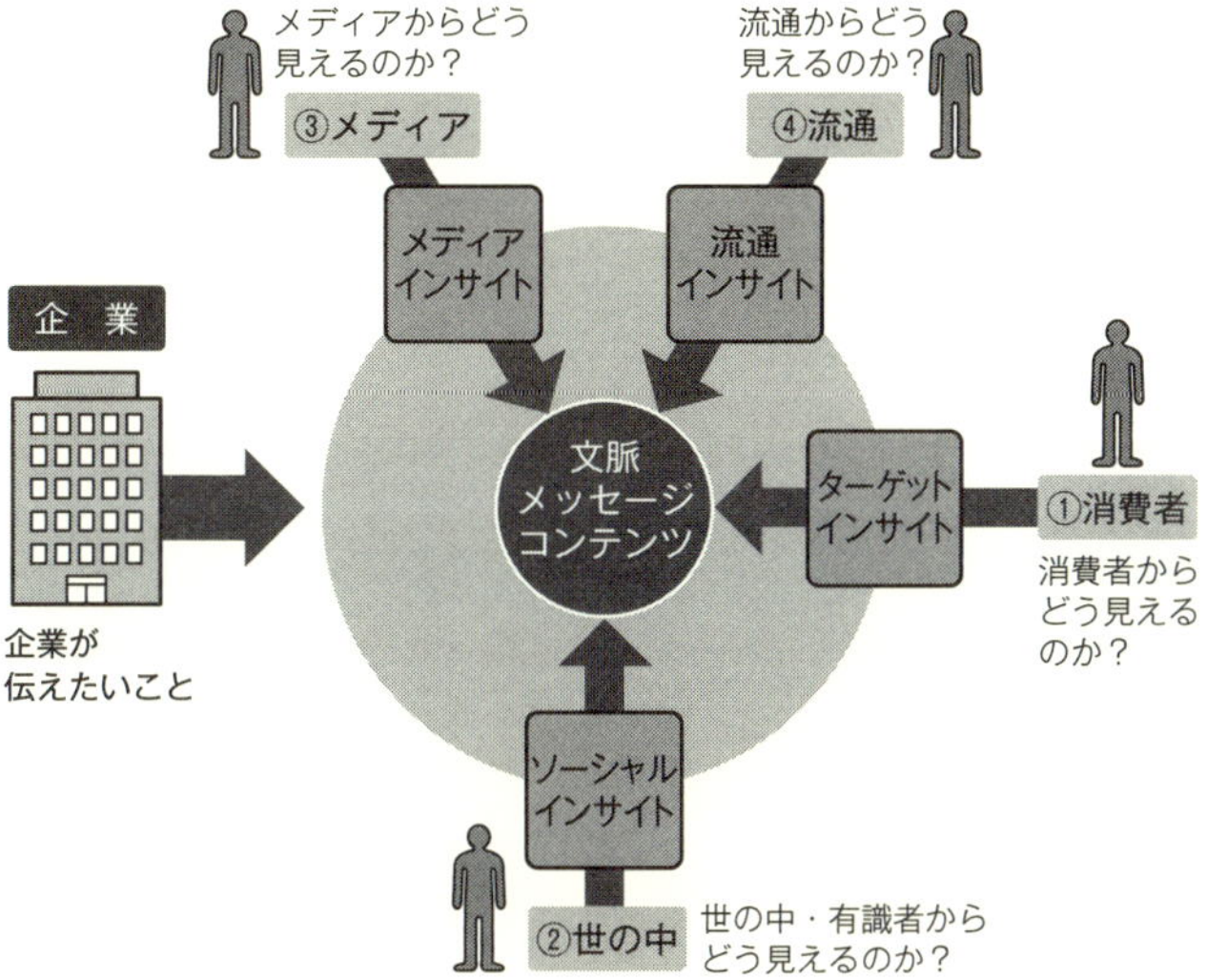

シャル」、「流通」、それぞれのインサイトを的確にとらえて、事業のオペレーションレベルで実行可能な全体最適の設計図を描き、戦略的なマーケティング・ストーリーをつくることなしに「売れ続ける仕組み」はできあがりません。

情報クリエイティブのメソッドでは、「売れ続ける仕組み」をつくるために「消費者」、「メディア」、「ソーシャル」、「流通」の４つのインサイトを的確にとらえ、これらの４つのインサイトを基に、各ステークホルダーがｗｉｎ－ｗｉｎの関係を結ぶことができる事業全体の最適シナリオをデザインします。

前章でも述べましたが、今日の

マーケティングにおいて重要なのは、生産から販売、消費までの商品の流れである「商流」、それと同時に、情報の流れである「情流」に着目し、この二つを有機的に統合させることです。そして、それぞれのプロセスで関わってくるすべてのステークホルダーの存在に気を配ることです。マーケットインの発想が前提なのです。特に「商流」を左右するのが「流通」です。流通との取り組みについては第5章で詳述します。

「情流」に大きな影響を与える「メディア」と「ソーシャル」

次に「情流」をマネジメントするために重要な二つのステークホルダーである「メディア」と「ソーシャル」について述べていきます。

これまで広告、マーケティングの世界ではクリエイティブと言えば、美しい映像やインパクトのあるキャッチコピーなど、情緒的で右脳的な表現を駆使して消費者にメッセージを伝えていくコンテンツと考えられてきました。

「ソフトバンクの白い犬」、「ダイワマン」、サントリー「BOSS」の「宇宙人ジョーンズ」、古くは「走るエリマキトカゲ」などの強烈な映像、伝説的なキャッチコピーである糸井重里さんの「おいしい生活。」など、広告クリエイターたちはイマジネーションを膨らませて、アーティスティックなセンスでつくりあげたブランドメッセージを消費者に伝えてきました。しかし、情報の流通量が急激に増大した現代において、消費者の情報バリアを開かせ、購買をしてもらうためには面白い、インパクトがあるというだけでなく「自分に関係ある」とか「役に立つ」という理性的で左脳的な情報も同時に必要になっています。それが「言いたいこと」から「聞きたいこと」へのコミュニケーションにおける発想の転換です。

また、その情報を話題化して、世の中ごとにするためには、メディアが取り上げたくなるような社会性や時事性のある情報開発をしていくことが、欠かせません。広告においては、確保された広告スペースの中で企業は好きなようにメッセージを発信することができます。しかし、メディアの編集者はあくまで読者、視聴者に有益であるという情報以外は発信しようとはしません。企業の自社の製品や取り組みに関する情報をメディアから消費者に発信してもらうには、彼らがどんな情報を求めているかを把握することが必要になります。これがメディアの本音、「メディアインサイト」です。

その情報が市場に与える影響はどのくらいあるのか？　そのテーマには社会性はあるのか？　今、その情報を消費者に伝える理由は何か？　特定企業の製品に関する情報を発信することは中立性、公共性を重んじるメディアとして問題ないのか？

どんなメディアも常にこうした観点から、様々な企業から発信される情報を取捨選択しながら掲載しています。ＰＲという手法を活用してメディアから主体的に情報発信をしてもらうためには、この「メディアインサイト」の把握が非常に重要になってきます。

「メディアインサイト」を正確につかむためには、過去のメディアの報道傾向を分析することも有効です。たとえば車というジャンルについてのケースで考えてみましょう。過去の車に関する記事を分析してみると燃費などの経済性や走行性能、デザインなどの基本性能に関する記事が大きな割合を占めていました。しかし、最近の報道傾向を見てみると、エコカーの話題が増えていて、ハイブリッド車、電気自動車についてなど、明らかに報道の争点が車の環境性能に移っています。

このように車の環境性能にメディアの関心が移っている中で、ある新型車の話題をメディアで取り上げてもらうためには、操作性や優れたデザイン性が特徴的な製品であったとしても、何らかの環境性能や安全性能と関連付けた情報開発が不可欠です。

そして、メディアからの報道という第三者情報においては、この「メディアインサイト」に加えて、世の中の動向や、各領域の専門家、有識者たちの意向、見解などの「ソーシャルインサイト」も同時に重要になります。「ソーシャルインサイト」とは社会の潮流を方向づけていく学術的知見であり、将来の社会のあり方から逆算して今、取り組まなければならない社会的課題を明示したものと言えます。以前は車のオピニオン・リーダーと言えばモータージャーナリストと呼ばれる車の走行性能の専門領域の知識を持った方々が中心でしたが、今では車と社会の関わりについて環境問題から語る環境ジャーナリストがしばしばメディアに登場しています。メディアの報道論調は、彼らオピニオン・リーダーの見解から大きな影響を受けることも多く、オピニオン・リーダー自らも頻繁にメディアに登場します。

このように海外も含めたその領域のオピニオン・リーダーの見解と、メディアの報道がシンクロしながら世論が形成されていくプロセスの中で、企業が自社に好ましい世論や情報環境をつくりあげるには、「ソーシャルインサイト」を把握して、専門家、有識者などのオピニオン・リーダーとの友好な関係性を築くことが欠かせません。

「消費者から、どう見えるのか？」に加えて、「メディアから、どう見えるのか？」と「世の中・有識者から、どう見えるのか？」のスクリーニングもかけることでメッセージの伝達力は格段に強くなるのです。

確実に消費者を動かすためにはこの「消費者インサイト」、「メディアインサイト」、「ソーシャルインサイト」、それに加えて「流通インサイト」の「マルチインサイト」を探り当てなければなりません。そして、関与するすべてのステークホルダーのインサイトを考慮した緻密な情報開発を行う必要があります。たとえば、「流通」のバイヤーは消費者のニーズだけをとらえて扱う商品を決めているわけではなく、どのような売り場が求められているか、世の中がどのようなトレンドになっているかを考え、総合的に判断しています。メーカーの営業担当者は多面的な視点に立って、どうしたらバイヤーがその商品を売ろうという気になるのかについて最大限の想像力を働かせ、商談のツールや話し方を変えていかなければなりません。これまでのようにテレビＣＭの投下量や起用するタレントに頼りきった商談はもう通用しません。

「消費者」、「メディア」、「ソーシャル」についても同様です。ステークホルダーは社外にばかりいるわけではありません。社内においてもR&D、生産、事業戦略、宣伝広報、IT部門の担当者などが含まれます。これらすべての社内ステークホルダーが、その商品を高いモチベーションを持って開発したい、つくりたい、売りたいと思って動いてくれなければ成果は出ません。

買っている理由を掘り下げ、全体最適を実現する

インサイトの探り方について、もう少し掘り下げていきましょう。

たとえば、既に発売した商品で売り上げが伸びていない場合、調査分析で現状課題を探すところから始めていきます。ただし、ここで多くの企業が陥るワナがあります。それは、買っていない人の、買わない理由を先に探そうとしてしまうことです。そこから、どうしたら買ってもらえるかを消費者に聞いてみよう、調べてみようという議論にはまり込むと、出口のない迷路に入り込んでしまいます。

それよりも最初にすべきは、今買っている人の、買っている理由を調べることです。なぜなら、それこそがその商品の真の価値だからです。その理由が見つかれば、企業が本来価値と考えていたことと、消費者が実際に価値と感じていることが一致しているのかを確かめることが

できます。また、なぜ買っている人にはその価値が伝わって、それ以外の人には伝わらないのかを掘り下げていくことで、買っていない人に何がどのように伝われば買ってくれるのかの「仮説」を立てることができます。

次にその「仮説」をどのようなメディア、手法を使って伝えれば、買っていない人の心が動くかを考えるのです。こうした仮説を組み立てる際に欠かせないのが、前述の「カスタマージャーニー」と「パーセプションフロー」です。

並行して、その情報が誰によって伝えられると信憑性を持って受け入れられるのかについても見極めていく必要があります。それは医師などの専門家かもしれませんし、スポーツ選手や芸能人などの著名人かもしれません。その専門家もしくは著名人が、企業側が伝えたいことに賛同して価値に言及してくれるのかについても確かめる必要があります。

その上で、それを伝えるべきメディアはテレビなのか新聞なのか、はたまたソーシャルメディアから話題になることが重要なのか、といったこともヒアリングし、各メディアが過去に関連する話題についてどのように報道してきたかを調べて、アプローチの方法を探ります。

ステークホルダーは社内にもいます。そのストーリーで社内の人は納得して開発、生産してくれるのか、営業の人は自信を持って商談できるのかを考えていかなければなりません。社内に身を置いていると、社内の営業、開発、宣伝担当者のノイズに惑わされることがあります。一方で外部のステークホルダーのことばかり見すぎて、社内の理解が進まないこともあります。

モノやサービスが売れ続ける仕組みと聞くと、システマチックな印象を受けるかもしれませんが、やるべきことは極めてアナログです。それぞれの現場の人と対話をし、人を動かすモチベーションとなるものをつかみ、うまく組み合わせること。これに尽きます。

営業担当者は、えてして消費者視点を忘れがちで、自分の目の前にいる流通の担当者が何を考えているかばかり見てしまいます。一方で宣伝担当者は、流通にどうすれば受け入れられるかよりも、広告を見ている消費者のことばかり見てしまいます。ですから社内のヒアリングでは、視野を俯瞰的に保ち、バランス良く情報を収集していきます。

全員がハッピーになれる物語を描く

消費者が、ある情報に触れたとき、人の心がどのように動いて、サービスや商品を買うという行動を起こすのか。その購買というアクションを起こす「心のスイッチ」を探り当てていくのは、きめ細かくて根気のいる作業ですが、そのスイッチを探り当てた瞬間の面白さこそがマーケティングの醍醐味でもあります。インターネットを使った調査やビッグデータの活用などの定量的な調査は、あくまで補助的なもので、やはりフェイス・トゥ・フェイスの対話（グループ・インタビューや1対1のデプス・インタビュー）が有効です。密度の濃い対話の中からしかわからない、その人の持っている価値観や暮らしの中の文脈というものがあるからです。声のトーンや目線、ちょっとしたしぐさから得られる情報も大切な判断材料です。ビッグデータの時代になってもリアルな対話に勝る情報収集手段はありません。

私たちはこれまで数多くのリサーチを行い、それらの結果に基づいてクライアントに対し、様々な提案を行ってきました。複雑な要素を組み合わせて、最終的にひとつのストーリーに落とし込んでいくプロセスはとても手間のかかる作業ですが、その分成果は大きく、時間をかける意味は十分にあります。

いい商品にはストーリーがあると言われます。従来は、消費者に響くストーリーをつくれるかどうかでストーリーテリングの有用性が語られてきましたが、売れ続ける仕組みをつくるためには、消費者だけでなく、すべてのステークホルダーの心を動かすことのできる事業全体の創造性溢れるストーリーが必要です。

製造ラインを最適化するだけでも、事業戦略をつくるだけでも、商品広告を打つだけでも、営業スキルを上げるだけでも、商品は売れません。確実に成果を出すには、広いスコープで全体の状況をとらえ、あらゆることを一連のアクションとして統合していく力が必要です。売れ続ける仕組みをつくるという作業は、部分最適を叶えながら、全体最適を実現していく広義のＩＭＣ（統合型マーケティング）に他ならないのです。

かつて私が素材メーカーのマーケティング責任者として「キシリトール」の市場を開拓した

際には、皆が幸せになる仕組みをつくりあげるための準備に5年の期間を費やしました。PRと広告、専門家からの口コミを統合したIMCによって、8年間で二千億円の市場をつくったのですが、いろいろなステークホルダーの関心、メリット、ベネフィット、懸念、要求などを時間をかけてヒアリングしながら、関与者全員の心を動かす夢の持てるストーリーをつくれたことが成功の要因でした。

その商品が売れることで、誰か一人でも損をしたり不幸になってしまったりすると、一時的には売れても、売れ続ける仕組みにはなりません。ステークホルダーそれぞれの思惑をコーディネートしながら結果としてすべてのステークホルダーがハッピーになる物語を描くこと。これこそが「売れ続ける」マーケティングの極意と言えます。

カスタマージャーニーの第一歩、マーケットインの発想法

前提となる考え方を理解していただいたところで、本格的に情報クリエイティブのメソッドの説明に入っていきましょう。

そもそも、同じカテゴリの競合商品と戦うことがマーケティングと考えられがちですが、マーケットインの発想で、消費者の生活全体に照らして考えてみることが必要です。その発想がなければ、競合商品との戦いで視野狭窄に陥り、気付けばそのカテゴリ自体が危機に陥っていた

図2-（3）
“生活”欲求と“購買”欲求

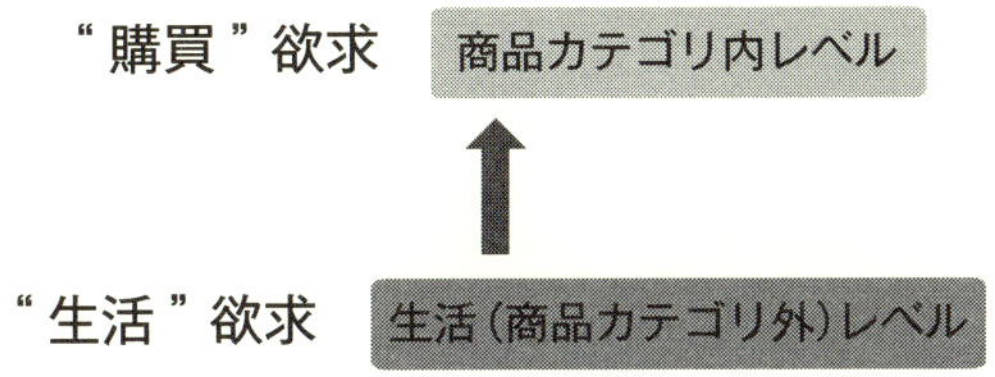

生活上の数ある欲求の中、その商品が解決できる欲求

生活欲求に対し、自社ブランドがその欲求の解決に最も適している場合、購買欲求が生まれる。

……という事態になりかねません。たとえば、スマートフォンの浸透でコンパクトデジタルカメラの販売が苦戦していますが、これは「生活の中で気軽に写真を撮りたい」というニーズに対し、高機能のスマートフォンも、その価値を提供してくれたからです。このように違うカテゴリから、ライバルが登場することがあります。

また、全国で約5万店あるコンビニエンスストア。「おにぎり」をはじめとする、すぐに食べられる食品が「中食」という市場をつくり、その店舗数の拡大は、少なからず従来からあったインスタント食品市場に影響を与えているはずです。

ファストフード店がデフレ下で低価格戦略に走れば、またインスタント食品、コンビニエンスストアの敵が増えていきます。つまり、同じ商品カテゴリではなく、そのカテゴリを選択する前の段階、ここで言えば「小腹を満たす」という消費者のニーズを満たすことをマーケティングの課題ととらえることが必要だということです。このように、消費者目線で考えることが、マーケットインアプローチの第一歩です。そして、これが情報クリエイティブの起点となります。

もう少し言い方を変えると、消費者にはモノを買いたいという欲求の前に、生活欲求があります。先の例のように、まず「小腹を満たしたい」というニーズがあって、消費者はこうした生活欲求を満たすために、ある人はインスタント食品を、またある人はコンビニエンスストアのおにぎりを買おうとするのでしょう。消費者のインサイトを探る際に、購買欲求だけを対象にするのではなく、購買にいたるカスタマージャーニーを追求していくことが欠かせません。

マーケットインの発想で、次に重要なのが流通視点です。以前キシリトールガムの市場性をアピールするために、認可前に大手流通のキーマンに会いに行ったときに、最初に言われたのが「こんなに高い価格のガムは売れない」ということでした。たとえ虫歯を防ぐ効果があるにしても、砂糖に比べてはるかに高い原料を使うキシリトール製品はこれまでの製品よりも、想定小売価格が20%以上は高くなるので、小売店の立場からすればそういう言葉が出てくるのは当然です。

そこで私は、「どうしたら棚に置いてもらえるか」とたずねました。すると「ガムで虫歯予防ができるという情報が世の中に広く知れ渡れば売れるかもしれない」という答えが返ってきました。つまり流通の人たちは、消費者の態度に影響を与える報道など、世の中の動きを見なががら売り場を考えているのです。

次は報道に目を向けてみます。

かつて、お茶の渋み成分のカテキンが脂質の燃焼を促進することにより、体脂肪を低減する効果があるということがテレビの健康番組や健康雑誌などで知られるようになり、高濃度茶カテキンの入った「ヘルシア」がヒットしました。

ちょうどその頃「メタボリック症候群」（内臓脂肪型肥満に高血糖・高血圧・脂質異常症のうち二つ以上を合併した状態）が、動脈硬化などの深刻な疾病の原因になるという情報がマスメディアを賑わすようになり、メタボ対策が消費者にとっての重要課題となっていました。もし、テレビＣＭや新聞広告だけで高濃度茶カテキンの効果を訴えるだけだったら、同サイズの清涼飲料と比べて１・５倍ほどの値段のヘルシアを小売店が扱おうと思わなかったでしょう。

健康管理などヘルスケアに関することは、効果・効能がその商品のコアな価値となるわけですが、薬事法の制限がある中で、広告だけでその価値を伝えるのは時間やコスト面から言っても効率的ではありません。そこで、重要なのが新発見・新事実をメディアの視点で伝えていくことです。しかしながら、その情報は各メディアの編集方針に沿っていて、かつ十分な情報量と明確な根拠が必要です。そこまで考えて情報をつくっていくのは手間暇がかかります。

このような時間と手間をかけた4つのインサイトを的確につかむアプローチを積み重ねるからこそ、説得力があり購買につながり、かつ費用対効果の面から効率的な情報クリエイティブという方法が生まれてきたのです。

第3章 — 情報クリエイティブ5つのステップ

インサイトの発見からメッセージ開発は始まる

第2章では消費者を取り巻く情報環境が大きく変化する中で、消費者だけを見て開発する従来型の広告クリエイティブではなく、「消費者」、「メディア」、「ソーシャル」、「流通」のマルチインサイトを基に、58ページで紹介した5つのプロセスを経た「情報クリエイティブ」によるメッセージ開発が必要とされている。その開発には手間暇はかかるものの、これにより厳しい市場環境下でマーケティング活動の精度を高め、かつコモディティ化が進む市場環境の中でも、新市場を開拓するような商品を生み出せるのだということを述べてきました。

第3章では、マルチインサイトを基にした「情報クリエイティブ」の5つのステップの中身を具体的に説明していきます。この5つのステップは、インテグレートで実際に行っているメッセージ開発のプロセスを基にまとめています。従ってクライアントをサポートするプランニング・エージェントの立場でプロセスを説明していますので、あらかじめそのことを念頭に置いてお読みください。

では、ステップ1の「消費者と商品（ブランド）との接点を探る調査」から紹介します。

消費者が「これは自分のためにつくられた商品だ」と思えるような「自分ごと化」が今日のマーケティングのキーワードになっています。「自分ごと化」のために、マーケターが最初にやるべきことは、ターゲット層となる消費者の立場、気持ちになってみることです。そこから商品とその周辺世界を見渡し、消費者のインサイトを探るのです。

情報クリエイティブの第一歩は、消費者のウォンツから需要を探り当てることから始まります。そのインサイトを得るためには、マーケター自身が消費者の立場になって、暮らしの中に潜んでいる「本音」を探っていくのが一番です。

次に、企業側のインサイトに目を向けてみましょう。

そのプロセスはまず、クライアントからのオリエンテーションで始まるのが通常です。ここで商品特性やユーザー分析、競合品との違いなどについての情報（与件）を与えられます。

オリエンテーションの日程が決まったら可能な限り、事前に関連する情報を集めます。クライアントの企業概要、理念やトップの挨拶、沿革、ブランドサイトはもちろん、可能であれば、直近の報道や決算情報などにも目を通しておきます。また、業界専門誌等による業界状況を把握した上で、オリエンテーションに臨みます。

オリエンテーションを受けた後は、そこから得られた知見と独自に収集した関連情報を基に、メッセージ開発のための基本要件を整理します。その上で、仮説設計のための調査設計を行う

図3-(1)
情報クリエイティブ　フロー

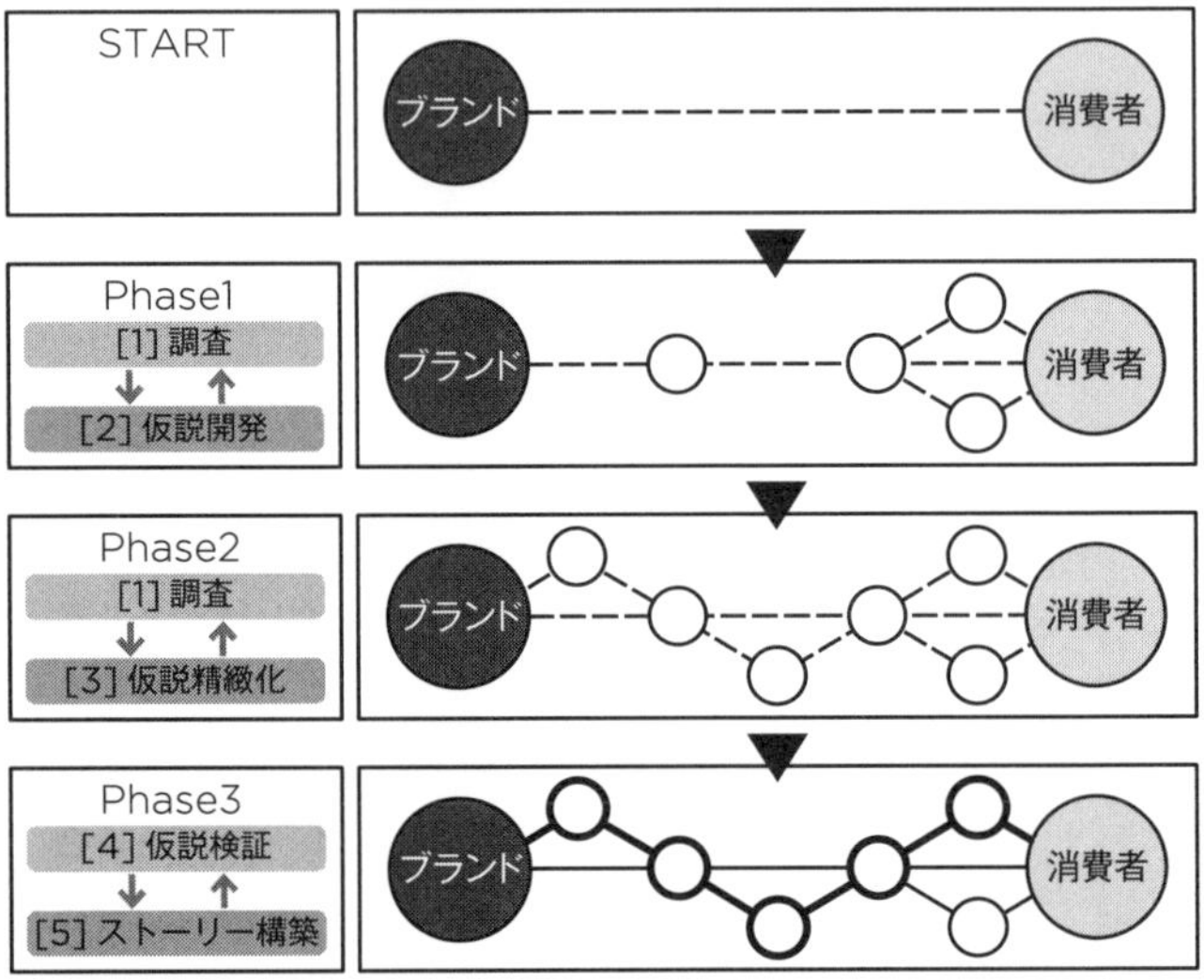

※消費者と商品（ブランド）をつなぐメッセージの文脈（コンテクスト）を、以下のステップで構築していく。

[1] 消費者と商品（ブランド）との接点を探る調査。

[2] 仮説開発…［1］の調査を基に「買いたくなる」仮説を開発する。

[3] 仮説の精緻化…［2］で開発した仮説が各ステークホルダーの正しいインサイトに基づいているかを検証する。

[4] 仮説の検証…［3］で精緻化した仮説が実際に購買に結び付くかどうかを検証する。

[5] 自走するストーリーの構築。

のですが、調査設計の段階でも０次仮説とも言うべき仮説を持って調査に臨みます。具体的には商品（ブランド）が消費者にどのように伝わったら実際に買ってもらえるのか、「購買行動」というゴールを探っていくためのいくつかの仮説を用意します。

この作業は、まず消費者の「ペルソナ」を描きながら、仮説の基点とも言える消費者像を明確にすることから始めます。

「購買行動」に至るパーセプションフローを検討する上では、消費者の「ペルソナ」をできるだけリアルに描くことが大事です。対象となる商品のターゲットとなる消費者はどのような「ペルソナ」を持っているのか？　年齢、性別、生活圏、職業、年収、家族構成といった属性データだけでなく、ライフスタイルや価値観、趣味などターゲットのモデルとなる人物像を具体的に描きます。ペルソナを探りながら、ターゲットの日常を手で触れられるぐらい、リアルにイメージすることによって初めて、日常生活の中に商品（ブランド）がどのような居場所があるのかを深く洞察することができ、仮説設計の出発点に立てるのです。

また当該商品の購買行動の特性やパターンについても、この段階で検討します。ここでは、二つの軸を設けて購買行動のパターンを見ていくのですが、ひとつは消費者にとって関心の高い商品か？　関心の低い商品か？　高関与／低関与の軸。もうひとつは、理性的・合理的に選択する商品か？　情緒的・感覚的に決めていく商品か？　理性・合理／情緒・感覚の軸で検討していきます。

たとえば論理的購買の商品と衝動的購買の商品とでは、購買行動パターンが明らかに異なります。論理的購買傾向の強い商品は、どちらかと言えば高関与であり、当該商品のブランド知識が豊富なため、知識に基づき理性的・合理的に意思決定する傾向が見られます。保険商品、パソコン、家電製品などが該当します。

一方、衝動的購買傾向の強い商品は、どちらかと言うと低関与であり、感覚的に衝動買いする傾向が見られます。ビール系アルコール飲料、ドレッシング、ファストフードなどが該当します。対象商品の購買行動パターンを検討することで、パーセプションフローの大きな流れが見えてきます。

以上のように消費者のペルソナや商品の購買パターンを探りながら、検討すべきいくつかの仮説を設定し、この0次仮説を念頭に置いて調査を行っていきます。

調査のひとつとして、クライアントへのヒアリングも行います。オリエンテーションを踏まえて、商品をより深く理解するための調査です。このヒアリングは、マーケティング担当部門の事業部や広告宣伝部だけでなく、営業部門や研究開発部門に対しても行います。対象商品の提供価値について把握するとともに、市場や競合、商品に対する消費者の意向や購買行動の特性について、各部門がどのような見解を持っているのかを確認することもヒアリングの重要な目的となります。部門によって見解の差異が見られるのか、一致しているのか。もう少し言えば「クライアントに見えていることと見えていないこと」も客観的に判断していきます。

クライアントヒアリングの中でも、私たちが実務において、とりわけ重視しているのが研究開発部門へのヒアリングです。担当者の研究開発への思いや研究過程での象徴的なエピソードをじかに聞くことによって、商品の提供価値を深く理解することができるからです。消費者と商品との接点を探る上で、クライアントのインナーインサイトは押さえておかなければならない基本要件と言えます。

ソーシャルインサイトとメディアインサイトの探り方

次に、一般に公開されているデータや資料を探索するセカンダリー調査について説明します。セカンダリー調査の目的は、ソーシャルインサイトとメディアインサイトを探り当てることにあります。その情報源には、メディアの報道、オピニオン・リーダーの発言や定量調査の結果、書籍、文献などがあります。これらのデータの中から、対象商品やブランドに関連すると思われる情報を収集します。対象商品の属するカテゴリーの情報だけでなく、消費者の生活全体に照らしあわせて、消費者に影響を与えると思われる文脈（コンテクスト）の要素を収集していきます。

情報収集の対象としては、①テレビ、新聞、雑誌、ウェブ媒体などの報道、②ウェブの検索キーワード分析、ソーシャル・リスニング、③書籍・論文分析まで、大きく3つがあげられます。

まず、①の報道から順番に見ていきましょう。

テレビ、新聞、雑誌などのメディアは公共性が高く、それぞれ独自の編集方針を持っています。各メディアの特性や直近の報道の傾向をチェックし、仮説の構成要素となる情報の有無を確認します。ここでの目的は、メディア特性と傾向を踏まえながら、対象商品について、メディアが報道したいと考えるような情報を探ることです。そのためには、それぞれの媒体の読者や視聴者に対して「ベネフィットがある」、「知ってもらう価値がある」、「知らせる意味がある」と思うコンテンツを用意する必要があります。そこでまず、対象商品に関して、これまでどういう報道がなされ、どのような状況にあるのかを調べます。

既に報道し尽くされているのか、されていないのか、されていないのであれば、それはなぜなのか。類似の商品で報道されているものとされていないものがある場合、その違いはどこにあるのか。公共性が重要なのか、ニュース性が勝るのか。各メディアの特性と報道内容を分析します。

並行して、②のウェブの検索キーワード分析を行います。対象となるウェブサイトにどれくらいの人が何のキーワードで検索して流入してきているか、どんな論調がネット上に出回っているのかなどについては、番組や特集をつくるメディアの人たちも気にしています。また、これだけ情報があふれている中でも、意外に知られていない事実が見つかることがあります。

たとえば、「加齢臭」を検索すると、「対策」「石鹸」「シャンプー」等が候補としてブラウザ上に表示されます。このように入力したキーワードの次に検索されるキーワード、類義語、関連語のパターンを網羅的に調査したり「加齢臭」で検索した人たちが実際に訪れたウェブサイトのコンテンツを調査することでインサイトを得られることがあります。他にはない情報を提示できれば、ウェブサイトから他のメディアに広がるキラー・コンテンツになる可能性も考えられます。また、グーグルトレンドなどを活用し、キーワードに関する量的な傾向も見ていきます。

次に、情報クリエイティブにおいて非常に重要になっているのがソーシャル・リスニングです。ソーシャル・リスニングとは、ソーシャルメディア上で人々が日常的に語っている会話や自然な行動に関するデータを収集し、調査・分析によって業界動向把握や自社の企業ブランド、商品ブランドに対する評価・評判の理解や改善に生かすことです。商品レビュー分析では対象商品だけでなく、競合商品のユーザーによる評価もチェックします。ブログ、ツイッター、フェイスブックなどに加え、アマゾン、楽天、価格コム、＠コスメなど商品分野に応じて対象範囲を広げ、分析します。

かつて企業が顧客の声を聴くためのリソースは、ＣＲＭ活動から得られるアンケートやインタビュー、あるいは顧客からの問い合わせやクレームなどアナログな接点によるものが中心でした。また問い合わせやクレームは、企業に意見を寄せる人たちの声は聴けても、そうではない人たち、いわゆる「サイレント・カスタマー」の声まで聴くことはできません。

しかし、ソーシャルメディア上の消費者は思ったことや意見を自然に、率直に発言するので、購買の深層心理や潜在的なニーズを拾える可能性が高まります。たとえば、顧客と非顧客に分けて商品なりサービスがどのように語られているかを分析することで、買わない理由や、どうすれば買うのかのヒントが得られることもあります。

近年、目覚ましい発展をとげているデジタル分析ツールによって、ネット上の膨大な検索やコメントのログから必要な情報を収集し、複雑な解析を行うことが可能になってきているのです。

最後に、③の書籍・論文分析を行います。

アマゾンや紀伊國屋書店ブックウェブでメッセージのキーワードを入れて、関連書籍を洗い出します。書籍からはその執筆者が依拠しているオリジナルの研究論文や学会で主流となっている論調など、専門的な情報が見つかります。同時に学術系データベースで参考文献の検索を行い、学術論文にも目を通します。書籍・論文分析の目的は、メッセージの裏付けとなる学術的知見や新しい学術研究の潮流を探ることにあります。関連の深い学術領域の大家と先端の研究をしている研究者の両面から調査をしていきます。

また書籍・論文から執筆者の専門領域での立ち位置や開発しようとするメッセージのテーマについての見解を読み解いて、将来的にオピニオンとしての協力を得られるかどうかを見極めていきます。

これら３つの分析においては①から③の順番で行う必要はなく、並行して進めながら、各工程で明らかになったことを基に、ソーシャルインサイト、メディアインサイトに迫っていくことになります。調査と並行して随時、チーム内のディスカッションも行います。調査によって見出した消費者インサイト、ソーシャルインサイト、メディアインサイトに基づいてクライアントの認識と各ステークホルダーのインサイトとのギャップを洗い出し、仮説設計上の課題を整理していくのです。

◇◇◇

【1】消費者と商品（ブランド）との接点を探る調査で実施することのまとめ

① 現状認識（オリエンテーション）

② クライアントヒアリング

③ セカンダリー・データの収集と分析

・消費者の生活欲求、購買欲求、当該商品（ブランド）との関わりについて既存の資料や定量データから分析。

・テレビ、新聞、雑誌、ウェブ媒体などの報道調査、ウェブサイトのアクセス解析、検索分析、ソーシャル・リスニング、商品レビュー分析、書籍・論文分析を通してメディアインサイト、ソーシャルインサイトを探索する。

④ チーム内ディスカッション

・①～③の内容を基に、クライアントの認識と各ステークホルダーのインサイトとのギャップを明確化するとともに、商品の購買行動特性について検討する。

「買いたくなる」ストーリー開発の初期仮説

次に、ステップ2の「仮設開発」に話を進めます。仮説は、何度も検証を繰り返し、最終段階までにはクライアントとのミーティングも重ねながら練り上げていきます。その初期段階で必ずやるべきことは「世界観の共有」です。と言うと大げさな感じがしてしまいますが、クライアントと「どういう世の中、市場環境になっていればいいのか」、「この商品（ブランド）はその中でどのような役割を担うのか」という基本的な部分を共有していないと、ＩＭＣはうまくいきません。

仮説構築とその検証のための手順を進めていくにあたり、仮に5つの工程が必要だとして、もし途中の工程がうまくいかなくなったらどうするかということもあらかじめ徹底的に議論しておきます。さらに確かな情報がとれるまで、行ったり来たり試行錯誤が必要な場合には、その点も考慮したスケジュールを共有しておくようにします。思いつきだけのビッグアイデアで賭けに出るのではなく、時間をかけて積み重ねをしていくことで成功の確率を高めていくのです。

多様なステークホルダーのインサイトを探る作業は決して簡単ではありませんが、丹念な仮説・検証の繰り返しで、最終的に「売れ続ける」マーケティングのストーリーができあがっていきます。

テレビＣＭの場合はＣＭ完成後、オンエア前に視聴テストを行いますが、私たちのやり方は、試作フィルムを完成させる前に、何段階かに分けて詳細な絵コンテでテストを行い、リアルタイムで修正しながら、チーム全員でクリアなイメージを共有しつつ完成を目指していくというスタイルになります。細かいイメージの食い違いやずれを随時修正しながら進めていくので、自ずと精度が高くなるのです。

「情報クリエイティブ」は、研究開発やビジネス全体のオペレーションにも関わってくるため、「コンサルティング型」のマーケティング・プロセスだと言われることがあります。コンサルティング会社には、あえて分けるとするとアウトソース型とインストール型がありますが、私たちインテグレートの場合は後者のインストール型にあたります。インストール型の場合、マーケティング活動の主体者はあくまでもクライアントであるというスタンスで、自らも積極的に仮説設計等のプランニングに参加してもらいます。

アウトソース型を選んだ場合、クライアントの稼働負担は少なく、一見効率がよさそうに見えますが、リスクとしてあげられるのが社内に知見が残らないことです。一方、インストール型の場合は、依頼した企業側に知見が蓄積し、プロジェクト終了後に外部リソースの活用を最小限にしてPDCAを回しながら実施プランの精度を継続的に高めていくことができます。クライアントの負担も多く、事前の意見調整やすりあわせに手間暇がかかりますが、その間のコミュニケーションを通じて組織的な学習が進むため、結果として知見やノウハウの習得が進みやすいと言えます。

買っている人の「コンバージョンパス」と買っていない人の「ボトルネック」

次に、消費者インサイトについて説明します。

まず、対象商品をゴールとする消費者のカスタマージャーニーに目を向けます。そして、その最終段階、流通の川下から川上にさかのぼりながら、買っている人の「コンバージョンパス」と買っていない人の「ボトルネック」の二つを探っていきます。

コンバージョンパスとは、消費者の商品認知から理解、購入というマーケティングの目的に至るためのパス（経路）を意味します。これを探り当てていく上で重要なのが「今、実際に買っている人はどんな情報に触れているか」ということです。商品を目にしてから購買行動に至るまでの経路であるコンバージョンパス、すなわち実際に起こった行動をベースに考えていきます。

たとえば、スッポンのコラーゲン成分を取り入れた美容サプリメントを例に考えてみましょう。スッポン由来の非常に良質なコラーゲンを含むサプリメントなのですが販売が伸び悩んでいました。

この商品は、肌のハリやうるおいを気にする女性をターゲットにしています。そこでまず、そもそもスッポンという素材が女性たちからどう思われているのかを調べてみます。調査をしてみると、「男性が飲むもの」、「精力剤」と思っている人と、「コラーゲンが豊富で肌がプルプルになる」、「美肌成分」と思っている人の2系統のタイプがいることがわかりました。ただし、美肌効果を認識している人のほうが少数派で結果、売れていない原因はそこにあるという仮説が浮かび上がってきました。

次にこの商品を購入している人にインタビューをして、どこでその商品を知り（認知）、効果・効能を知り（理解）、購買の意思決定したのかを細かく質問していきます。これにより、コンバージョンパスが明らかになりました。

さらに、買っていない人についても同じように質問をしました。購買に至るコンバージョンパスが形成されたときと、そうでないときを比べていくと、どこで買わないという意思決定をしたのかが明らかになります。つまり、ボトルネックを明らかにするのです。この人たちがなぜ購買行動に至らなかったのか、その要素は何かを明らかにし、買った人と買っていない人の触れた情報、メディアなどのタッチポイントを突き合わせていくと、購買の意思決定に至る文脈（コンテクスト）とコンテンツのイメージが浮かび上がってきます。

この商品を買っている人のコンバージョンパスと買っていない人のボトルネックの調査でわかったことは、スッポンが「コラーゲンが豊富で肌がプルプルになる美肌成分」であることを理解していない人にいくら製品の広告を見せても、コンバージョンすることはないということでした。スッポンが女性向け、自分向けだと思った人以外は反応する可能性がほぼゼロで、そういう人たち向けに広告を流してもほとんど無駄だったのです。

一方、興味深かったのは購買行動に至った多くの人は、有名な女性タレントがスッポン鍋をよく食べていて、肌がつやつやしているという事実をテレビ番組で見て知っていたことです。しかし、それらの番組を見ても実際にスッポン鍋を食べられる人とそうでない人がいます。食べられない最大の理由はスッポン鍋が高価だからです。つまり欲求はあるけれども解決策がない状態です。

そこで、わざわざ高価なスッポン鍋を食べに行かなくても、もっと手軽にスッポン鍋と同等

図３-（2）
コンバージョンパスとボトルネック

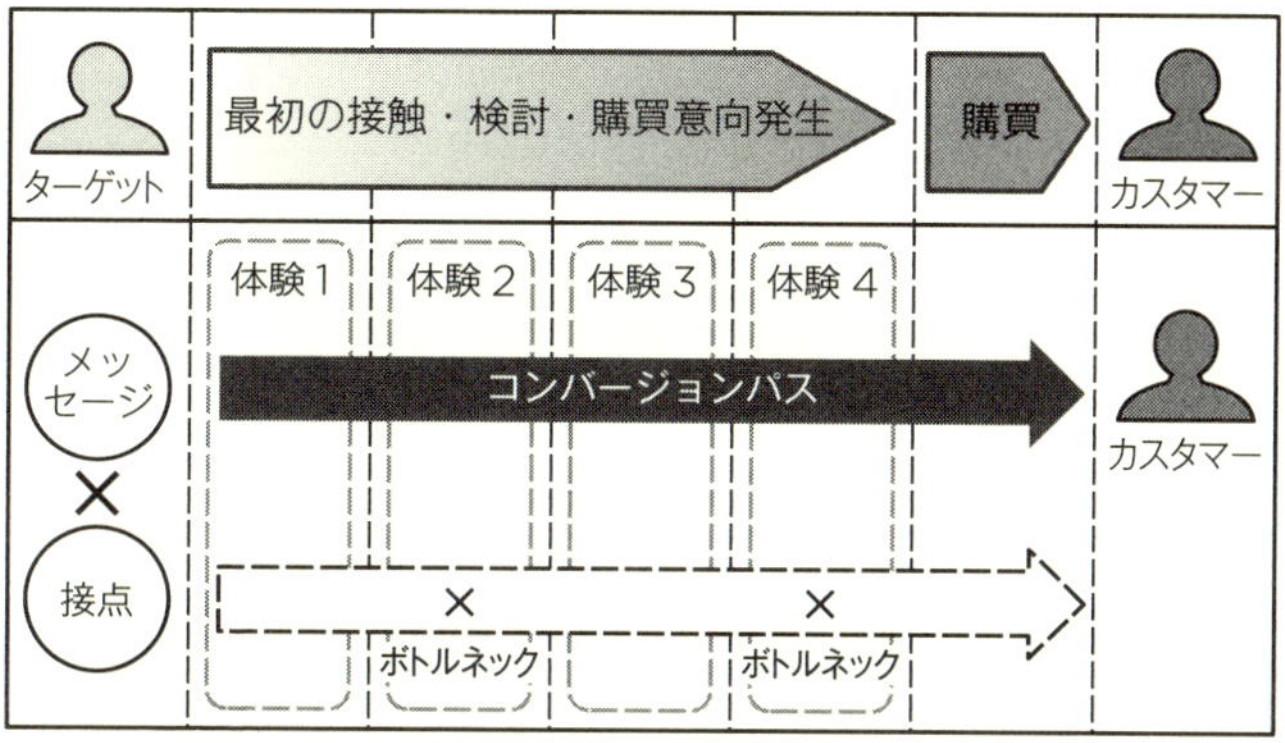

のコラーゲンが取れるスッポンサプリメントがあることを知らせればいいという情報クリエイティブのストーリーの軸が見えてくるわけです。

購買に至るまでのプロセスを登山にたとえてみましょう。登山では、頂上を目指すときの最後の拠点となるアタックキャンプと、登山を開始する拠点であるベースキャンプがあります。ベースキャンプは越えたけれども、アタックキャンプにまで登っていない人、すなわち、スッポン鍋が肌にいいのは知っているけれど高価で手が出せない人には、商品の広告が響くのですが、まだベースキャンプに至っていない人、スッポンのコラーゲンが肌にいいことを知らず、男性向けの精力剤だと思っている人には広告が響かないのです。

市場において後者のほうが多い場合は、広告にお金をかける前に、まず、スッポンのコラーゲンの美肌効果に関する情報を伝える施策を打っていく必要があります。いわゆる「聞く耳づくり」が重要ということです。

このように、買っている人の「コンバージョンパス」と買っていない人の「ボトルネック」を明らかにすることが、仮説開発の要となります。

態度変容のドライバーとなるパーセプションを見つける

購入への「コンバージョンパス」と購入しない場合の「ボトルネック」を明らかにすることで、何が態度変容のドライバーとなっているかが見えてきます。逆にこれが見えてこない場合は、そもそもの仮説が間違っているということなので再考が必要です。

モノと情報があふれている現代では、どんなにプロモーションをしていても、購買はおろか認知さえされないということが多くなっています。たとえ、商品やサービスとユーザーが接点を持ったとしても、それがそのまま「自分ごと化」するわけではありません。仮に、友だちがある商品を使ってみてよかったとフェイスブックに投稿していて、それに「いいね！」ボタンを押して「共感」を表明していたとしても、購買行動にすぐにつながるわけではないのです。

そこで、「自分ごと化」してもらえる文脈（コンテクスト）とコンテンツをつくっていくには、購買の意思決定につながる態度変容のドライバーをつかむことが重要です。

スッポンのコラーゲン成分美容サプリメントの例で言えば、日頃からコラーゲンのサプリメ

図３-（3）

仮説開発の視点

“購買”欲求　商品カテゴリ内レベル

↑

“生活”欲求　生活（商品カテゴリ外）レベル

生活上の数ある欲求の中、その商品が解決できる欲求

生活欲求に対し、自社ブランドがその欲求の解決に最も適している場合、購買欲求が生まれる。

視点①

□：商品周辺・業界動向を把握

１．クライアント商品が今までどうやって売れてきたのか？
～今、何でどう困っているのか？
（⇒クライアントのオリエン内容とは「違う？」という視点も含めて）

視点②

□：現ユーザー・非ユーザーの状況把握

１．現ユーザーがどんな「生活⇒購買欲求」プロセスを経ているか？
２．現ユーザーと非ユーザーは何が違うか？

視点③

□：０次仮説のブラッシュアップ（見直し）

１．生活欲求で世の中ごと化できそうなものは何か？
２．購買欲求で本当にオンリーワンと言えるものは何か？

ントを買っていても、効果に不満を持っており、同一カテゴリーの中でもっといい商品を探している人なら、この商品の価値・メリットを明確に伝えることができれば購買に結び付くでしょう。しかし、美肌のためにコスメのほうを重視していて、サプリメントを買ったことがない人には、美肌サプリメントという商品カテゴリーの価値・メリットを伝えるところから始める必要があります。さらに、スッポンに対してネガティブなイメージを持っている人にはマイナス感情を払しょくする情報提示の仕方が必要です。

仮説開発の段階では、様々なパターンを想定しながら、ターゲットの態度変容のポイントを探り当てていきます。離脱しなかった人、買った人がどのようなカスタマージャーニーをたどって、興味、理解、購買に至るのか、そのコンバージョンパスを、実際の行動に基づいて細かく分解して分析していきます。一方で買わなかった人、全く興味がなかった人、興味はあったけれど買わなかった人など、様々な違ったタイプのパスを調べ、買った人と比べてどこで離脱したのかというパターンを明らかにします。その上で、どのような文脈（コンテクスト）で情報を提示すれば購買行動が起こるか、具体的な生活シーンまで想定したストーリー仮説に落とし込んでいきます。

◇　◇　◇

【２】仮説開発…【１】の調査を基に仮説を開発する段階でのポイント

①当該商品が欲しくなる前提となる「生活上の欲求」を喚起するキーファクターに関する仮説。

②当該商品で充足したくなる「商品＝最適策（ベストチョイス）」という認識となる仮説。

③「買いたくなる」アプローチのためのコンバージョンパスを明らかにする。

・購入者はなぜ買っているのか、購入までの各段階での接点、情報、態度変容のマイルストーンを設定する。……「コンバージョンパス仮説」

・非購入者はなぜ買っていないのか、前提となる価値観や信条、ライフスタイルの違いを明らかにする。……「ボトルネック仮説」

・購入者のコンバージョンパスを踏まえ、非購入者のボトルネックを解消し、「買いたくなる」アプローチのための仮説に落とし込む。

仮説を精緻化するためのインタビュー調査

次に、仮説を精緻化するためのインタビュー調査にステップを進めましょう。ここでは、構築した仮説をソーシャル、メディア、流通の各ステークホルダーにヒアリングをかけていきます。メディアやオピニオン・リーダー（専門家）からも受け入れられるものでなければ、構築した文脈（コンテクスト）の仮説は、社会的コンセンサスは得られず、最終的に消費者を動かすメッセージにはならないからです。

たとえば、ある調味料の調査では、クライアントと私たちが立てた仮説がそもそもその商品の本質的な魅力からずれていることを料理研究家に指摘されてハッとしたことがありました。そこから仮説と調査の設計を見直し、軌道修正した結果、予想を上回るヒットにつながったこともあります。

また、メディアへのヒアリングでは、季節感がずれていたことに気付かされたこともありました。メディアは季節を先取りした情報を発信していかなければならないので、「今が旬な情報」では遅すぎるのです。メディアの特徴や制作のリードタイムを把握できていないとこういったことが起きます。

さて、インタビュー調査にあたっての要点は人選です。学術専門領域の研究者から経済アナリスト、料理研究家、家事評論家まで様々な領域の中からオピニオン・リーダーとなりうる専門家を選出しなくてはなりません。できるだけ多くの人にインタビューをするという選択肢もありますが、各専門領域のオピニオン・リーダーを的確に探し出してきちんと話を聞くほうが、より有意義な知見を得られます。オピニオン・リーダーを見出す指標として、テレビや新聞などのメディアへの登場回数、論文での引用頻度、著書の数などがありますが、最終的にはオピニオン・リーダーの書籍や論文にあたって、論点の正統性や社会への影響力を見定めていくしかありません。専門家へのインタビューを通じて、仮説の妥当性を評価してもらったり、裏付けデータを補強するための知見を得ます。また、その分野のオピニオン・リーダーの情報を集め、インタビューをすることにより、テレビ番組や紙媒体の特集企画のコンテンツの仮説が見えてきます。

情報クリエイティブにとって重要な、もうひとつのインサイトは「流通」です。そのキーパーソンであるバイヤーにとってのミッションは売り場効率の最大化です。ここまでつくってきた仮説に基づいて、マーケティング・プランを実施していったときに、本当に売り場効率を最大化できるのか、バイヤーへのヒアリングを行いながら、商品ラインナップ、売り場づくりを詰めていきます。

文脈マップをつくる

次に、アナログ、デジタルを含むこれまでのリサーチで得た情報を基に、各ステークホルダーが共有するおおもとの「文脈マップ」（次ページ図参照）をつくります。文脈マップは、商品（ブランド）と消費者を結ぶ文脈（＝コンテクスト）の地図です。各ステークホルダーのインサイトから洞察したメッセージのキーワードを文脈でつなぎ、消費者が関心のない状態から、消費者が買いたくなるまでの態度変容の道筋を示したものです。

図3-(4)
文脈マップの設計モデル

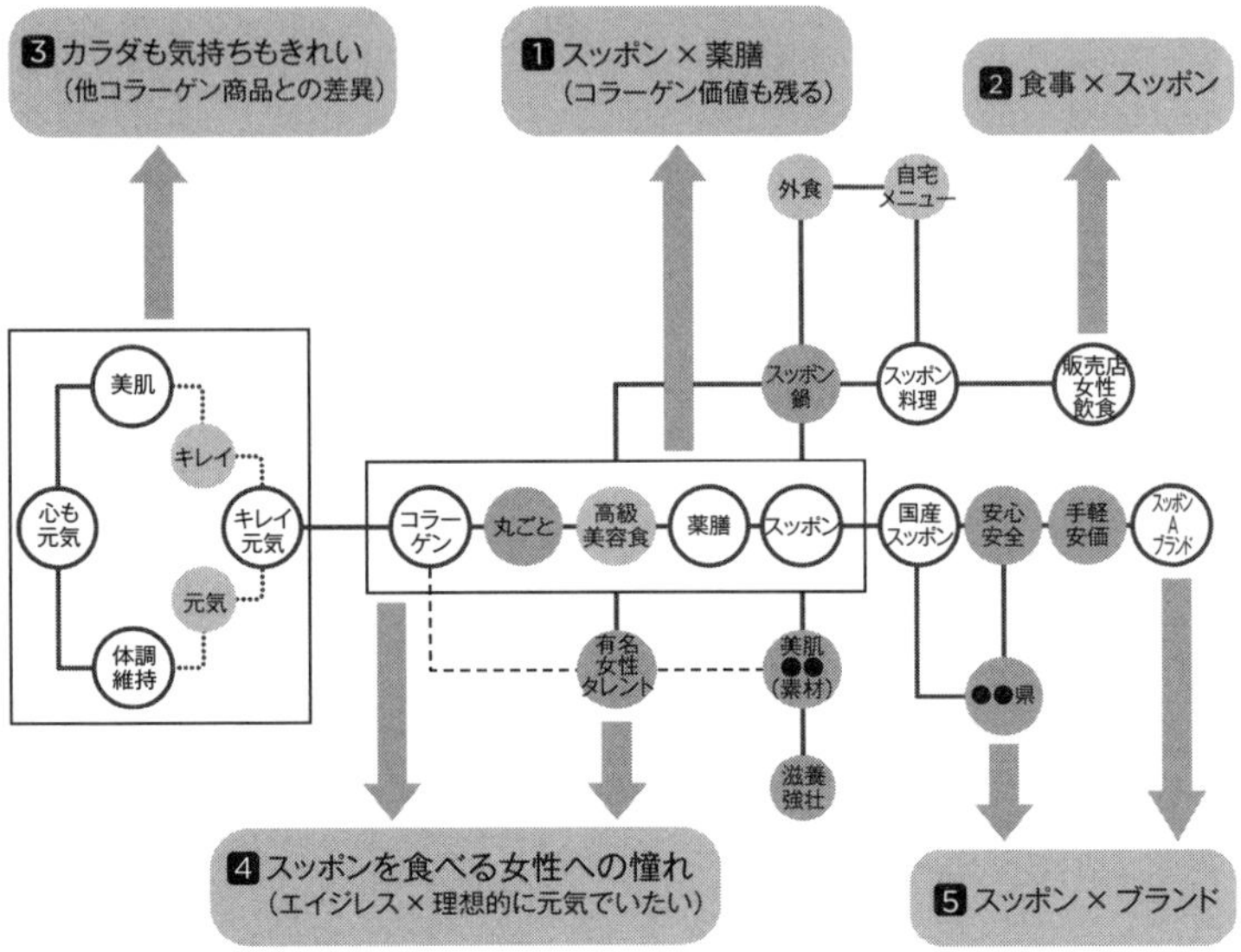

消費者、メディア、ソーシャル（専門家、オピニオン・リーダー）、流通のインサイトを分析して構造的に整理していくと、各ステークホルダーの利害が重なりあうところが見えてきます。そこから初期の仮説が出てきます。この仮説は実際に各ステークホルダーに通用するのかどうか――消費者にとって購入するだけのメリットはあるのか、メディアで報道されるに値する情報なのか、専門家の見解として正しいのか――、ヒアリングとフィードバックを繰り返して仮説を精緻化していきます。

この作業では、システム構築のようなロジカルな思考プロセスと、直感やインスピレーションによるクリエイティブ・アイデアの創出という二つのバランスが必要になります。いわば右脳と左脳の融合の産物と言えます。

従来型のマーケティングでは、消費者インサイトをベースにプランニングが行われてきました。これを一次元のマーケティングだとすると、広義のＩＭＣのアプローチとして様々なステークホルダーのインサイトを組み合わせる情報クリエイティブは、多次元で精度が高いマーケティング・プランと言えます。これをつくりあげていくためには、高い専門性と多様な要素をひとつに束ねていくリーダーシップが欠かせません。

◇
◇
◇

【3】仮説の精緻化

① 各ステークホルダーへのインタビュー調査

・学術研究者、専門家へのインタビュー

　仮説の妥当性に対する評価、裏付けデータを補強するための知見を得る。

・メディアのキーマンへのインタビュー

　仮説に対するメディアの評価、メディア企画成立のためのコンテンツ要素のヒントを得る。

・流通キーマンへのインタビュー
　仮説に対する流通の評価、売り場づくりの企画テーマの可能性を探る。

② 文脈マップの作成
・各ステークホルダーへのインタビューとフィードバックを繰り返して仮説を精緻化し、文脈マップに落とし込む。

消費者インサイトにたどりつくための肝

次に、ここまでつくりこんできた仮説を検証する消費者リサーチの段階に話を進めます。この段階で行うのは定性調査です。グループ・インタビューと、インタビュアーとインタビュイー1対1のデプス・インタビューを行います。対象商品のターゲット層にあたる一般消費者を招いて行います。定性調査には、手間暇がかかりますので、事前に注意深く調査を設計しなければなりません。

マーケティングにおけるリサーチの目的とは、「商品と各ステークホルダーをつなげる文脈（コンテクスト）に基づくストーリーが購買につながるかどうか」を検証することです。そのために、消費者の「心のスイッチ」を押し、購買行動へ動かすにはどうすればよいかの「仮説」をつくってきたのです。「購買行動へと向かわせる心のスイッチを押す情報」を確認するといったあいまいな目的のまま調査を行うと、調査のための調査で終わってしまいます。
ただし、仮説は精緻なものでなければなりませんが、「決めつけ」とは違います。精緻な仮説をつくればつくるほど、楽観的な思い込みや決めつけに判断が傾く傾向があります。それを避けるためには、質問に対して返ってくるであろう答えのパターンをできるだけ幅広く想定しておく必要があります。

私たちの調査では、各質問に対して、複数の回答の想定パターンをあらかじめ準備して調査に臨みます。そのためには「プリテスト＝事前調査」が重要です。グループ・インタビューの開催前にはプリテストを行うのが一般的ですが、通常は流れを確認するだけで内容まで踏み込んだ調査は行いません。しかし、インテグレートでは、内容面まで踏み込んだプリテストを行います。

事前に当該プロジェクトに関わらないニュートラルな視点を持ったメンバーでプリテストを行うことによって、プロジェクトのメンバーの先入観を排除したニュートラルな検証が可能になります。また、社内で協力者を募り、プリテストを行うメリットは、ターゲットの目線での検証と同時に、プランナーの目線からも調査のフィードバックが得られる点です。

グループ・インタビューでは、初対面の人が集まるため、遠慮や気遣いも生じます。隣の人と違う意見を言って、嫌な感情を持たれたりすると気まずいなど、あれこれ思惑も働くので、本心で答えているか、そうでないのかを見極めなければなりません。同じ会社の仲間で本音のプリテストを行っていれば、それがベンチマークとなり、対象者のインサイトを読み解く上で、参考になります。

また調査の途中で、インサイトが引き出せないとわかったら、あらかじめ用意しておいた別の設問をぶつけていくというシミュレーションも行っておきます。初期仮説の開発や事前調査など十分な準備なしに調査を行うと、インタビュー中に出てきた言葉の中から答えを探り出すべく一言一句聞き逃すまいとして、どうでもいい細部に関心が向いてしまい、意味のある分析はできないものです。消費者が持つインサイトの断片を集めて組み立てるような調査ではなく、この情報提示の仕方によって、人はどう動くのかを仮説検証するのがこの調査の目的です。

もちろん仮説の検証だけでなく、各設問の最初のパートでバイアスをかけずに純粋想起を引き出す質問も並行して行っていきます。しかし、ここでもこちら側にある程度、事前仮説がなければ発言の奥に潜むインサイトを見過ごしてしまいがちです。

仮説開発や報道調査、ソーシャル・リスニング、事前調査にはある程度時間がかかりますが、いったん仮説ができてしまえば、調査設計から検証まではスピーディです。それほど、仮説は重要なのです。

「決めつけ」や「思い込み」がないかを疑ってみる

ここまで事前に準備して調査を行っても、調査結果を分析する段においては、最後まで仮説の受容性の精度を高めていこうとするスタンスが必要です。グループ・インタビューやデプスインタビューは、あくまでも調査という仮想のシチュエーションであり、消費者の日常とは異なります。調査結果がそのまま実生活で再現されるとは限らないからです。

仮に、クライアントが調査の結果に満足だったとしても、本当に仮説がワークするかどうか、本当に購入してくれるのかどうかを最後まで見極めなければなりません。現場のプロジェクトメンバーだけだとどうしても、その場の雰囲気やクライアントの見方に影響を受けてしまうので、一歩ひいたところから全体を客観的に見られるスーパーバイザーを置きます。その上で、「事実」と「仮説」と「意見」を明確に分けて結果を分析していきます。

また、クライアント側でも、できるだけ複数の角度からの視点を入れた調査設計にしていく必要があります。同じ企業の中でも、マーケティング部門と営業部門、研究開発部門とでは重視するポイント、検証のアングルが全く異なる場合も少なくありません。この違いを考慮して、調査結果を複眼的に見ていくのです。このように、できるだけ多様な視線を入れていくことが調査では不可欠です。

◇　◇　◇

【4】仮説検証のポイント

①［3］の仮説を検証するための調査を設計する。

・グループ・インタビュー、およびデプス・インタビューの対象者をリクルーティング。

・インタビューのフローをつくる。

・複数の回答パターンを予想し、複数の質問のフローをつくる。

②社内でプリテスト（事前調査）を行う。

・流れのリハーサルだけでなく、内容面まで踏み込んで行う。

・インサイトを引き出すためのフローを確認する。

③調査を実施する。

・検証の精度を高めるために、調査は複数回行う。

④検証結果をまとめる。

・結果を判断する際にも、「思い込み」や「決めつけ」がないかどうかを確認する。

・そのために、プロジェクトの外から結果を検討する役割の人を用意しておく。

コンテンツの前にコンテクストありき

［1］から［4］まで、仮説・検証を繰り返してくると、消費者が買いたくなる情報のフロー、すなわちストーリーが見えてきます。そして、最終段階でやるべき大事なことは「自走する」ストーリーへと昇華させることです。

「自走する」とはその情報が様々なメディアやウェブ上で話題になり、人々が興味を持ち、自然に世の中に広がっていく状態を指します。そして「自走」のために重要なのが、文脈（コンテクスト）とコンテンツです。製品とそれにまつわるストーリーを各ステークホルダーが「自分ごと」として体感してもらうために、どんなコンテンツであるべきかを考えていきます。

また文脈（コンテクスト）とコンテンツを考えるときに気をつけなければいけないのが、自分たちが伝えたいことをストーリーにしようとするのではなく、消費者の頭の中にどんなストーリーが浮かべば買いたくなるかを考えることです。そのためには何を見せ、何を伝えるのが最適かを考えていきます。消費者の頭の中に入ってインサイトを探り当て、それに合った情報提示をするのです。仮説・検証を繰り返す情報クリエイティブの場合は、マルチステークホルダーで、インタラクティブという性質を持っています。これは、消費者やメディア、専門家などのステークホルダーを巻き込む仕組みでもあります。巻き込むことによって「自走」が可能になるのです。

自走するコンテクストとコンテンツ

その製品、ブランドに関するコンテクストとコンテンツによって世の中で話題になり、消費者の購買行動につながる体験を誘発する情報環境が整えば、そのストーリーは自走しはじめます。

そこには二つの要素が必要です。ひとつはコンテンツの「世の中ごと化」です。ネットやテレビ、新聞などマスメディアなどで取り上げられ社会的な事象として消費者に伝わり、消費者の口コミを誘発していくことです。消費者が思わず口コミしたくなる「驚き」や「楽しさ」、「共感」をもたらすコンテンツが求められます。もうひとつはユーザーの「自分ごと化」の仕掛けです。情報があふれる今、多くの製品ストーリーは自分には関係ないと思われ、簡単にスルーされてしまいます。この二つの観点からプランニングをすることで情報の洪水の中にそのストーリーが埋没せずに自走し、消費者を動かすことが可能になるのです。

たとえば、女性用の下着で考えてみましょう。ワコールの「下着によるエイジングケア」というプロジェクトでは、女性の体型は年齢とともに変化し、サイズの合わない下着を着けていると、体形変化が加速する、という文脈（コンテクスト）を消費者に訴求するプロモーションを展開しました。このことをデータを駆使して表現しようと考えるのはロジカルな左脳的発想です。同社の長年の研究成果とターゲットである40代女性のインサイトの両方から導き出した「女性の体型変化」に警鐘を鳴らすメッセージは、多くのメディアに取り上げられ、女性の体型のアンチエイジングは、40代女性の新たな美容における関心事となりました。同時に右脳的なコンテンツとしてデジタルテクノロジーを駆使した「ラブエイジングミラー」というものをつくりました。自分の生活習慣や体型をタッチパネルで入力するとそれぞれの人の10年後、20年後、30年後の胸の形の変化がバーチャルに見られるようにしたジェネレーター機能を備えたマシーンです。

左脳でブランドの提供価値をロジカルで考えてもらうとともに、右脳、すなわち情緒や体感を刺激するインパクトで感じてもらうと「下着によるエイジングケア」の重要性がより自分ごととして伝わります。

◇　◇　◇

【5】自走するストーリーを構築する

①　消費者にとって「自分ごと化」する文脈（コンテクスト）とコンテンツを開発する。

・商品の周辺で、消費者の頭の中にどんなストーリーが浮かぶかを考え、仮説を立てる。

② メディアや専門家、流通のステークホルダーに仮説を提示する。

③ 各ステークホルダーからのフィードバックを仮説に反映し、精緻化する。

※②と③を往復することで、ステークホルダーを情報クリエイティブのプロセスに巻き込んでいく。そうすることによって、自然と話題が拡散し、文脈（コンテクスト）とコンテンツが自走しはじめる。

④ 消費者の五感に訴えるクリエイティブに落とし込む。

・メディアや専門家へのヒアリングによる仮説・検証の結果や消費者へのリサーチの結果をＰＲや広告のクリエイティブに落とし込む。

情報クリエイティブ5つのステップのまとめ

【1】消費者と商品（ブランド）との接点を探る調査

① 商品に関する現状認識（クライアントからのオリエンテーション）

※オリエンテーション前に企業概要や業界専門誌等による業界状況を把握し、マーケティング上の課題に関する仮説を立てる。クライアントの盲点の中に課題解決のヒントが隠

されている場合が多いため、クライアントのオリエンでの言葉を言葉通りに受け取るのではなく、常にインサイトを探る視点を持つ。そのために、事前の情報収集に基づき仮説を持ってオリエンに臨むことが重要。

② クライアントヒアリング

③ セカンダリー・データの収集と分析

・消費者の生活欲求、購買欲求、当該商品（ブランド）との関わりについて既存の資料や定量データから分析。

・テレビ、新聞、雑誌、ウェブ媒体などの報道調査、ウェブの検索キーワード分析、ソーシャル・リスニング、書籍・論文分析を通してメディアインサイト、ソーシャルインサイトを探索する。

④ チーム内ディスカッション

・①〜③の内容を基に、クライアントの認識と各ステークホルダーのインサイトとのギャップを明確化するとともに、商品の購買行動特性について検討する。

【2】仮説開発…【1】の調査を基に仮説を開発する

① 当該商品が欲しくなる前提となる「生活欲求」を喚起するキーファクターに関する仮説。

② 当該商品で充足したくなる「商品＝最適策（ベストチョイス）」という認識となる仮説。

③「買いたくなる」アプローチのためのコンバージョンパスを明らかにする。
・購入者はなぜ買っているのか、購入までの各段階での接点、情報、態度変容のマイルストーンを設定する。……「コンバージョンパス仮説」
・非購入者はなぜ買っていないのか、前提となる価値観や信条、ライフスタイルの違いを明らかにする。……「ボトルネック仮説」
・購入者のコンバージョンパスを踏まえ、非購入者のボトルネックを解消し、「買いたくなる」アプローチのための仮説をつくる。

[3] 仮説の精緻化

①各ステークホルダーへのインタビュー調査
・学術研究者、専門家へのインタビュー
仮説の妥当性に対する評価、裏付けデータを補強するための知見を得る。
・メディアのキーマンへのインタビュー
仮説に対するメディアの評価、メディア企画成立のためのコンテンツ要素のヒントを得る。
・流通キーマンへのインタビュー
仮説に対する流通の評価、売り場づくりの企画テーマの可能性を探る。

② 文脈マップの作成
・各ステークホルダーへのインタビューとフィードバックを繰り返して仮説を精緻化し、文脈マップに落とし込む。

【4】仮説の検証…【2】【3】で開発した仮説が実際に機能するかを検証する調査

① ［2］［3］の仮説を精緻化するためのリサーチ（グループ・インタビュー、デプス・インタビュー）を設計する。
② 社内でリサーチのプリテストを行う。
③ 調査を実施する。
④ 検証結果をまとめる。

【5】自走するストーリーを構築する

① 消費者にとって「自分ごと化」する文脈（コンテクスト）とコンテンツを開発する。
・商品の周辺で、消費者の頭の中にどんなストーリーが浮かぶかを考え、仮説を立てる。
② メディアや専門家、流通のステークホルダーに仮説を提示する。
③ 各ステークホルダーからのフィードバックを仮説に反映し、精緻化する。
※②と③を往復することで、ステークホルダーを情報クリエイティブのプロセスに巻き込

んでいく。そうすることによって、自然と話題が拡散し、コンテクストとコンテンツが自走しはじめる。

④ 消費者の五感に訴えるクリエイティブに落とし込む。

・メディアや専門家へのヒアリングによる仮説・検証の結果や消費者へのリサーチの結果をＰＲや広告のクリエイティブに落とし込む。

〈参考文献等〉

『トリプルメディアマーケティング』 横山隆治（著）（インプレスジャパン）

第4章——自走するストーリーの実例——「美魔女プロジェクト」

アラフォー女性を動かした「美魔女プロジェクト」

前章で「自走する」ストーリーを描くこと、そのためには文脈（コンテクスト）とコンテンツが重要だと書きました。また、ストーリーによって消費者を動かすためには、消費者だけでなく、メディア、ソーシャル、流通の4つのインサイトを探ること、中でも消費者インサイトの掘り起こしが鍵を握ることも指摘しました。さらに、4つのインサイトの探索からストーリーの開発に至る「情報クリエイティブ」という手法についても詳しく説明をしました。

本章では、ストーリーをどのようにメディアに載せ、消費者に届けていくのか。自走するストーリーの実践法について話を進めていきます。

消費者のインサイトが発見でき、メッセージを構築できても、伝え方を間違えてしまえば、せっかくのインサイトを突いたメッセージも消費者の目に触れることはありません。メディアやタッチポイントごとの特性に合わせて、メッセージの全体設計図の中から打ち出すべき文脈（コンテクスト）とコンテンツを決めていく必要があります。そこまでできてはじめて、マーケティング活動全体の設計図ができたと言えるでしょう。すべてのメディアやタッチポイントに同じ文脈（コンテクスト）とコンテンツを載せるだけではだめなのです。

大きなマーケティング・ストーリー全体の中で、それぞれのタッチポイントの特徴を考慮した上で、それらを最適な役割に応じて配置し、その役割に合わせた文脈で伝えていく必要があります。そして、自走するストーリーの実践におけるタッチポイントの設計において、特に重要なのは、次の２点です。

・一次情報の起点をどこに設定するか
・そこからどのタイミングで、どう波及させていくか

本書の冒頭から、「売れ続ける仕組み」をつくるためには、顕在顧客をターゲットとした「刈り取り」型ではなく、本人も気づいていない潜在的なニーズをとらえた「需要創造型」に視点を切り替えることが重要だと述べてきました。

本章では、アラフォー女性の潜在ニーズをとらえ、新しいマーケットを生みだした「美魔女プロジェクト」を紹介しながら、コミュニケーション設計のポイントについて解説していきます。特定企業の一商品のケースではありませんが、「美魔女」というキーワードが自走したことでアラフォーエイジングケア市場が活性化し、複数の企業により、ブルーオーシャンが創造されたこのプロジェクトは多くの関与者のインサイトを秀逸にとらえた、いわば需要創造の画期的な事例です。

ここ最近、アラフォー世代になっても美しさを謳歌し、ポジティブに生きる女性たちのこと

を「美魔女」と呼び、メディアや企業も注目しています。

「美魔女」とは容姿や肌の美しさなど「外見美」に加えて、知性、母性、感性などの「知的美」を併せ持つ、35歳以上の才色兼備の女性を指し、アラフォーになっても、まるで魔法を使ったかのように美しい女性を表す言葉としてすっかり定着しています。この「美魔女」ブームを仕掛けたのは、元『STORY』、元『美ST』（創刊当時は『美STORY』）編集長で、2013年4月に『DRESS』という雑誌を創刊した、山本由樹さんです。彼は、著書『欲望のマーケティング』（ディスカヴァー・トゥエンティワン）の中で次のように述べています。

「『美魔女』という言葉が生み出したものは、単なる『美しい中年女性』という新しい価値観の認知だけでなく、それにともなう様々な消費や社会現象など、ライフスタイルの変容を巻き起こす、新しいマーケットを連れてきたのです」（『欲望のマーケティング』P41）

「『もう一度女としての幸福を実感したい』というアラフォーの妻たちの『根源的な欲望』を捉え、さらにそこから『アラフォー女性の成熟した美しさ』という『言語化されない欲望』を掘り起こし、具現化している」（同、P42）

山本編集長は、アラフォー女性の潜在ニーズに着目。そこから、様々な消費や社会現象が生まれ、ライフスタイルの変容を巻き起こしました。山本編集長は女性のインサイトに、ニーズよりもまず生理的で根源的な「欲望」から迫っています。女性誌の編集長として女性の本音と向き合ってきた山本編集長は、アラフォー世代の女性の心に潜む「もう一度女としての幸福を実感したい」という根源的な欲望を掘り起こしたのです。山本編集長のアプローチは、ターゲットを取り巻くファクトを探りながら、消費者インサイトに迫っていく私たちの情報クリエイティブの手法とも重なります。

また「美魔女」は、女性としての幸福を希求するアラフォー女性の成熟した美しさを具現化した「コンテンツ」として世の中にデビューし、大きなパワーを持って自走していきます。山本編集長の思い描いたマーケティング・ストーリーによって、「ミドルエイジになっても美しく魅力的でありたいと願うアラフォー女性のポジティブなライフスタイル」を応援するマーケットや社会の共通認識＝コンテクストができあがっていったのです。「美魔女プロジェクト」は、消費者の深層意識の中に隠されている根源的な欲求を掘り起こし、新たな需要創造を目指したマーケティング・コミュニケーションの取り組みでもあったと言えるでしょう。

コンテストを起点に自走したコンテンツ

「美魔女プロジェクト」が始動したきっかけは、「美魔女」の生みの親である山本編集長のふとした思いつきでした。ある日、「国民的美少女コンテスト」の主催者であるオスカープロモーションの関係者と会食をしているときに、「美少女コンテスト」ならぬ、「美魔女コンテスト」という言葉が閃いたそうです。「美少女」を「美魔女」にたった一字変えるだけで、全く趣の異なるコンテストの情景が浮かび上がってきました。

『国民的美魔女コンテスト』が実現したら、40代の女性の美しさを世の中にアピールできるに違いない」。山本さんは閃いたアイデアを、世の中を動かす「企画」へと練り上げていきました。

まず、「国民的美魔女コンテスト」の名称の使用について、オスカープロモーションに打診したところ、即座に快諾を得、企画実現に向けて第一歩を踏み出したのです。

もともと「美魔女」は山本編集長が創刊した月刊女性誌『美ST』から生まれました。『美ST』には特定の表紙モデルはいません。「美魔女」が雑誌の顔になっているからです。山本編集長は、雑誌の顔を有名モデルに頼るのではなく、読者の中から選ばれた読者モデルを登用し、彼女たちを「美魔女」と名付けました。そこに山本編集長のしたたかなマーケティング戦略が見て取れます。山本編集長は女性誌の編集者としてキャリアを積んできました。最初の16年は女性週刊誌、後の10年は女性月刊誌の編集部に在籍し、日々女性に刺さる記事とは何かを考え続け、結果女性の感情を4つに整理したそうです。その感情とは、下から「同情」「共感」「賞賛」「嫉妬」。女性週刊誌の記事は「同情」と「嫉妬」で構成されており、女性月刊誌は「共感」

と「賞賛」を呼び起こす記事コンテンツでできあがっている、と指摘しています。

山本編集長は『美ST』では、賞賛よりも共感を重視して誌面をつくっていきました。そのシンボルが「美魔女」です。読者モデルから生まれた「美魔女」に読者は親近感を抱き、若さと美しさを保つために日々努力を重ねている彼女たちに強い共感を覚えるのです。「美魔女」は共感のアイコンです。そして長年女性の根源的な欲望と向き合ってきたプロの編集者の洞察と、綿密に組み立てられた編集のノウハウによって生まれたコンテンツなのです。

やがて美魔女は、「国民的美魔女コンテスト」というリアルのコンテストを契機に雑誌を飛び出し、話題を増幅させていきます。私たちインテグレートも、「国民的美魔女コンテスト」の広報事務局を受け持ち、コンテストを起点とした情報拡散のお手伝いをさせていただきました。2010年に行われた「第1回国民的美魔女コンテスト」の準備から関わってきたので、そのインパクトと話題の広がり、社会現象化を肌で感じることができました。

「国民的美魔女コンテスト」の参加資格は35歳以上（R35）です。「外見美」とともに「知的美」つまり内面の美しさも問われる、大人の女性のためのコンテストという点もこれまでにない視点でした。グランプリの女性には『美ST』表紙出演、ならびに『美ST』での特集、「美魔女」ブランドとのコラボレーション、準グランプリを含めてオスカープロモーションと所属契約、同社にて育成、プロモートおよびレッスンが受けられるというインセンティブが授与されます。

この夢に向かって、35歳以上の女性たちが全国から参加しました。第1回国民的美魔女コンテストには、募集開始から3カ月で2300名を超える応募者が集まりました。予選を勝ち抜いた21人のファイナリストたちは、コンテスト特設ページのブログやツイッターに日々の様子を書き込みます。各ソーシャルメディアには投票先へのリンクがついており、ファイナリストたちは、小まめに更新したり、人と交流したりすることによって、得票数をあげていきます。投票の途中経過は定期的にサイトで発表され、コンテスト開催期間中の総獲得ポイント数と、最終審査時の審査員のポイントでグランプリが決定します

この読者参加型のシステムと、ファイナリストを取り上げたテレビ番組の放送が、ソーシャルメディア上での話題化の呼び水となりました。民放テレビ局のワイドショーでは、ファイナリストの一人に密着し、20代の頃と変わらないボディラインを保持するためのトレーニングの様子やファッションへのこだわりを紹介。アラフォー女性の前向きに努力する姿に共感した番組の視聴者がソーシャルメディアでたくさんのコメントを寄せたのです。「美魔女」ファイナリストのブログ、ツイッターは大変な盛り上がりを見せ、その盛り上がりがネット上に大きなうねりを起こしていきました。

このように、候補者自身がソーシャルメディア上で積極的に発信を重ねるにしたがって、フォロワーも増え、彼女たちのツイートへのＲＴも加速度的に増加。「美魔女」キーワードは自走

していきます。

自走するコンテンツには、多くの人たちが自分ごと化できる仕掛けが必要です。「美魔女コンテスト」の場合には、参加者が自ら「コンテンツを広げよう！（優勝したい！）」と思わせる仕掛けの他に、ファイナリストへの「投票」という行為により、読者もコンテストに参加できる仕掛けになっていました。

自分の投票行動が結果に反映されることにより、「美魔女コンテスト」が「自分ごと化」されやすくなるのです。山本編集長の仕掛け方は実に巧妙だと言えます。

「美魔女コンテスト」というリアルなイベントが起点となって、「美魔女」というコンテンツは、ソーシャルメディアでの反響を巻き起こし、社会現象化していきます。山本編集長が投じた一石が、大きな渦となっていく過程で、「好悪」とりまぜた多様な反響が、聴く耳をもたなかった人たちをも巻き込みながらファンを増やし、社会現象化していったのです。

雑誌を飛び出し、社会現象へ

「美魔女コンテスト」にはワコールのほかカゴメ、たかの友梨ビューティクリニックなどの協賛企業がつき、各社が提供する商品やサービスを使いながら、ファイナリストたちは最終選考会に向けて美しさに磨きをかけていきます。

その様子を描き出す密着取材、コンテスト当日の様子や結果発表を、テレビ番組を中心としたマスメディアに露出していくと、マスメディアでの発信を受けて、さらにウェブが盛り上がり、その中でコンテンツが自走していきました。また、USTREAMでも、コンテストの関連番組を流しました。

「美魔女コンテスト」は、メディアでどのくらい取り上げられたのか。第1回と第2回のコンテストの反響を数字でお示しします。

【第1回国民的美魔女コンテスト】（2010年11月開催）

テレビ番組　21件
新聞　2件
雑誌　1件
ウェブメディア　48件
合計　72件
（インテグレート調べ）

【第2回国民的美魔女コンテスト】（2011年11月開催）

テレビ番組　42件

新聞　　61件
雑誌　　９件
ウェブメディア　２０３件
合計　３１５件
（インテグレート調べ）

第1回、第2回の「美魔女コンテスト」のメディア報道状況を数字で見てみると、「美魔女」コンテンツが社会現象にまで広がっていったプロセスが見えてきます。第1回の報道結果の特徴は、21番組のテレビ露出に尽きます。コンテストの模様をストレートに紹介するニュース報道だけでなく、美魔女ファイナリストの密着、アラフォー世代のライフスタイルや生活意識など様々な切り口で「美魔女」現象を取り上げたのです。

『美ST』という女性誌から生まれた「美魔女」は、テレビメディアに取り上げられたことで否応もなく、「世の中ごと」へと転換していきます。「美魔女」のオーディエンスが一気に増え、ソーシャルメディア上でも加速度的に拡散していきました。1回目のコンテスト開催後には、「美魔女」という言葉がグーグルの検索キーワードランキング3位に浮上。テレビ番組で「美魔女」の存在を知ったたくさんの視聴者が、もっと知ろうと検索を行ったのでしょう。

1回目のコンテストで、テレビ番組↓ソーシャルメディア、テレビ番組↓ウェブメディアと

図4-(1)
自走するコンテンツ

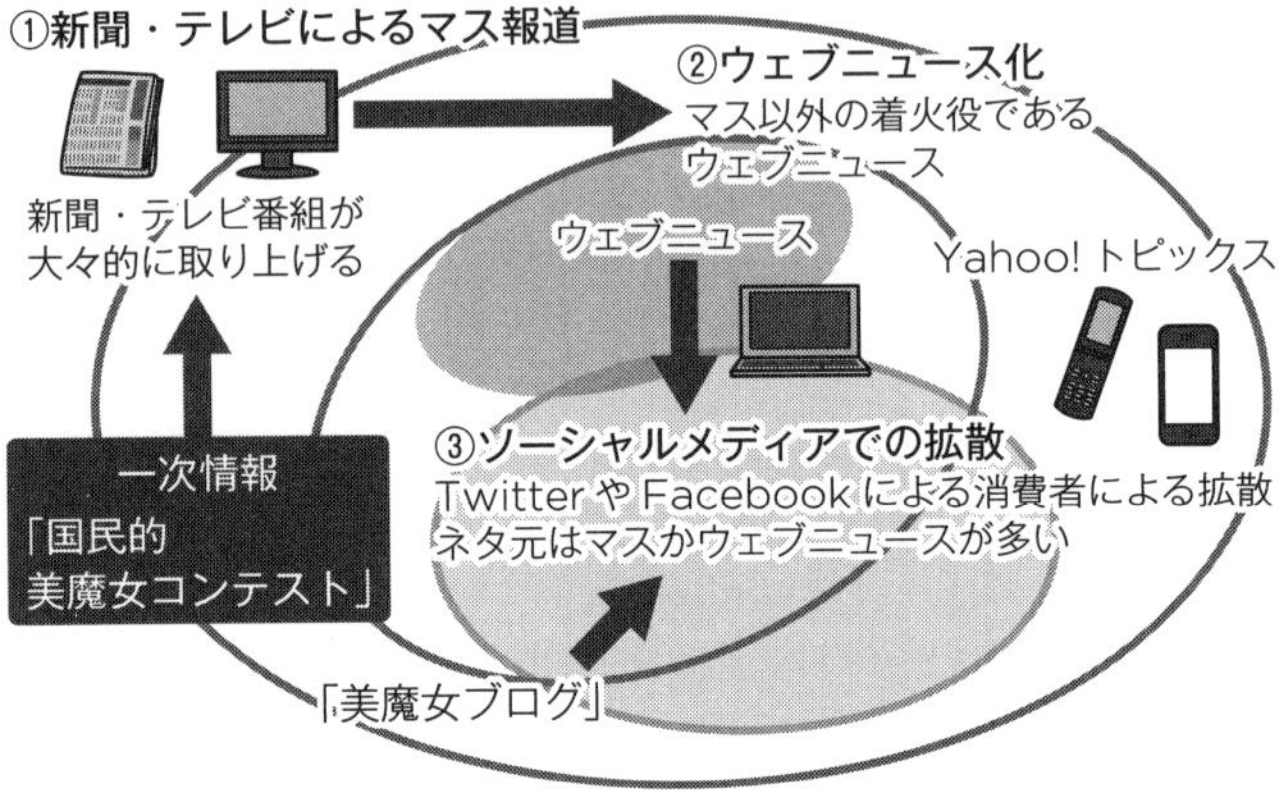

いうループが生まれました。(上図参照)。「美魔女」はテレビメディアで「世の中ごと」になり、ウェブメディア、ソーシャルメディアを通じて、深く浸透していきました。

さらに、2011年11月に開催された第2回のコンテストのメディア報道状況を見てみましょう。一般のコンテストの場合、2回目は、初回に比べニュース性が乏しくなるため、初回に比べて報道量が減少するのが通常なのです。しかし、「第2回国民的美魔女コンテスト」は、初回をはるかにしのぐ露出量となりました。

テレビ番組の露出が初回の2倍の42番組もあったのも特筆に値しますが、新聞の報道が2件から61件へと急拡大したのが「美魔女」を取り巻く状況を物語っています。新聞社が記事として取り上げる基準は社会性やニュース性です。

雑誌やウェブメディアに比べ、トレンド情報の扱いは慎重になります。新聞社は2年目にしてようやく「美魔女」の社会性、ニュース性を認め、多くの記事が掲載されたのです。「美魔女」は2年間で社会的な認知を獲得して、本物の社会現象となりました。

当時、民放の情報バラエティ番組で「美魔女ハンター」というコーナーが誕生したり、「現代用語の基礎知識　２０１１」（自由国民社）にも「美魔女」が収録されました。

ここで改めて、起点となる一次情報の仕掛け方と、情報拡散のメディアプランについて順を追って整理してみましょう。

①「美魔女」デビュー

・女性誌『美ＳＴ』の当時編集長だった山本由樹さんが、『美ＳＴ』読者モデルを「美魔女」とネーミング。40代を中心とする「年齢を超越した若さと美しさ」を保つミドルエイジの女性たちに脚光が当たる。

②リアルイベント「国民的美魔女コンテスト」の発表

・「国民的美魔女コンテスト」というリアルのコンテストを開催することを打ち出す。このリアルイベントが大きな社会現象を生み出す「第一次情報」の役割を果たした。

・コンテスト開催の発表は２０１０年7月。『美ＳＴ』の誌面およびコンテストの特設サイトを開設した。またマスコミ各社へのニュース・リリースも行った。7月の発表から、11月のファイナルイベントまで、約半年間、継続的に情報発信ができる仕組みを構築した。

・最初は『美ST』という雑誌の編集企画からスタートした「美魔女」は、「国民的美魔女コンテスト」を開催することで、プロジェクト化（＝取り組み、活動）され、「美魔女」が事象として語られる契機となった。

・参加型のリアルイベントに2300名を超える応募者が集まったことで「美魔女」が実態を帯び、マスメディアでの情報発信、さらにソーシャルメディアでの情報拡散が可能となった。

③ ソーシャルメディアでの情報拡散

「美魔女」ファイナリスト21名が、コンテスト特設ページのブログやツイッターに日々書き込みを行った。コンテスト開催期間中の総獲得ポイント数と、最終審査時の審査員のポイントでグランプリが決定するため、ファイナリストたちは熱心にブログを更新した。投票の途中経過は定期的にサイトで発表され、ソーシャルメディア上でファンのネットワークが形成されていった。

図４-（2）
美魔女へのソーシャルメディアの反響

美魔女、うかがったことはあります。投票すれば良いのですね！頑張って下さい♪ RT @[redacted]: @[redacted] 私は今、美魔女コンテストにでておりますので応援いただけるとう嬉しい http://bit.ly/958zmK
11:57 PM Oct 7th Echofon から

RT 素敵な美魔女さんが決定するのが楽しみです。次回は参加しちゃおうかしら (^_-)
http://tl.gd/3age55
12:06 AM Aug 25th TwitBird から

@[redacted] 美魔女…ステキです！
12:43 AM Sep 9th web から cantik1bahagia 宛

アラフォー美魔女きれいの秘密｜
http://bit.ly/cAvGBp
6:10 PM Oct 7th So-net ブログから

@[redacted] さすが美魔女！お仕事頑張ってくださいね～☆
1:00 PM Sep 29th Twitter for iPhone から mayumifujii 宛

国民的美魔女コンテスト
http://bit.ly/bOuPLV 候補者のプロフィール一覧を興味津々で全員見てしまった(暇っ…)。
2:59 PM Oct 5th ついっぷる /twipple から

@[redacted] 遅れてすみません！！美魔女応援致しま～す ^^ 頑張って下さいね
\(^o^)/
12:04 PM Oct 10th web から

国民的美魔女アラフォーコンテストってw
美少女に時代は去ったのか？アラフォー強しｗ
10:10 AM Sep 28th web から

④　マスメディアでの話題づくり

「美魔女コンテスト」のファイナルイベントの前に、民放テレビ局の生活情報番組でファイナリストの密着取材を行った。オンエア後には美魔女の検索が伸びたり、ツイッター、フェイスブックでの書き込みが急伸した。

⑤　ファイナルイベント直前の仕掛け

ファイナルイベントの直前に、「美魔女LIVE in UST～最終選考会前哨戦トークバトル～」を開催した。ファイナリスト8名が参加し、最終選考会への意気込みを語った。「美魔女」番組をネタにツイッターでたくさんのコメントが寄せられた。ファイナルイベント直前には、ファイナリストに多くの固定ファンがついており、熱い応援メッセージがさらなる口コミを誘発した。

⑥ファイナルイベント開催

「第1回国民的美魔女コンテスト」が2010年11月27日、青山スパイラルホールで開催。審査員には松任谷正隆さん、イネス・リグロンさんらが名を連ねた。事前の盛り上がりによって、マスメディアの関心を引きつけ、テレビ番組やウェブメディア中心に多数のメディアが取材に訪れた。マスメディアでの集中的な露出により、「美魔女コンテスト」のファイナリストたちは〝時の人〟として注目を浴びた。このファイナルイベントの開催によって、「美魔女」は一気に認知が広がり「世の中ごと」となった。グーグルの検索ワードの上位第3位にランキングされたこともその証左と言える。

「美魔女」が社会現象化した理由

雑誌というブランド力、信憑性のあるメディアから「美魔女」という話題性のあるキーワードを発信し、リアルのコンテストを開催することでその話題性を増幅。加えて、ウェブという情報拡散性と相互性の高いメディアで、投票や書き込みという行為で読者をコンテストに疑似参加させる仕組みを持った「美魔女プロジェクト」は、まさに最先端のマーケティング・コミュニケーションの事例と言えるでしょう。そして特筆すべきは、このプロジェクトの告知においては、テレビCMや新聞への出稿などの従来型のマス広告を一切使っていないことです。女性たちの潜在ニーズをとらえた「美魔女」というキーワードは、女性たちの生き方を変えました。

女性の生き方を変えるほどの影響力を持った「美魔女」プロジェクトの大もとには、編集者が持つプロとしての高い企画力とセグメントされた読者という顔の見えるリアルな存在（ロイヤリティが高い読者）とのインタラクション（双方向のコミュニケーション）がありました。「美魔女プロジェクト」が「自走するストーリー」の優れたモデルになっているのは、マーケティング・コミュニケーションを統合するメッセージの文脈（コンテクスト）が明確になっていたことがあげられます。『美ＳＴ』というメディアが打ち出している価値観とターゲットである40代を中心とするミドルエイジ女性のニーズや欲求とが、読者だけでなく世の中のアラフォー世代の女性の心の中で、明確で強い文脈（コンテクスト）でつながったのです。その底流には雑誌と読者の間で結ばれた深い「共感」の文脈（コンテクスト）が脈打っています。文脈（コンテクスト）はブランドの主体である企業がつくっていくものではなく、消費者と「共創」していくものです。そのためにも、『美ＳＴ』と読者の関係のようなロイヤリティの高い顧客とのインタラクティブなコミュニケーションを図っていくことが重要なテーマとなってきます。ソーシャルメディアは、こうした視点に立って、計画・運用していくべきでしょう。

また、「国民的美魔女コンテスト」を起点とする美魔女プロジェクトは、『美ST』発のブランデッド・コンテンツとして、マスメディアで大きな話題となり、ソーシャルメディアでの強い反響を呼び起こしながら、社会現象にまで登りつめていきました。「美魔女」は、『美ST』ブランドを際立たせるアクティビティ（活力）として機能しただけでなく、アラフォー女性の前向きな姿勢や若々しいライフスタイルをサポートするコンテンツとしても支持されました。「美魔女」はブランデッドでありながら、パブリックなコンテンツとして世の中に認知されていったからこそ、自走していったのです。

そして忘れてはならないのがこの「美魔女」による需要創造効果です。

コンテストの協賛企業であるワコールなどの製品はこの「美魔女」効果により大きく販売を伸ばしました。２回目以降のコンテストにも多くの協賛企業が付いたのはこの成功のインパクトが非常に大きかったからです。

「美魔女」の登場によってどれだけ世のアラフォー女性たちの美を追求するインサイトが顕在化し、様々な製品、サービス分野において消費行動が加速され、新しい市場が創出されたか、その効果ははかり知れないものがあります。

「美魔女」というコンテンツが広がる様子を見ていくと、潜在ニーズを掘り起こす需要創造、そしてストーリー・マーケティングとはどういうものかを理解していただけるのではないでしょうか。

〈参考文献等〉
『欲望のマーケティング』 山本由樹（著）（ディスカヴァー・トゥエンティワン）

第5章　――　流通と社内の「心のスイッチ」をオンにする

多岐にわたるバイヤーの仕事、判断基準は「売り場効率」

第5章ではマーケティングにおいて非常に重要な存在である販売チャネルの流通のインサイトについてお話しします。第2章で消費者、メディア、ソーシャル、流通と4つのインサイトを把握する重要性を説明しましたが、あえて多くのスペースを割き、流通について説明するのは、欧米に比べて流通のメーカーへの支配力が強い日本ならではの事情があるからです。

どんなビジネスにも、多かれ少なかれ「戦い」の要素があります。毎日の生活必需品をめぐってモノとおカネのやり取りが行われる小売店の売り場はその最たるもの。売る側にしてみれば、お客様にはできるだけ財布の紐をゆるめてもらわなければなりませんが、お客様は、売り場と品物を厳しい目で見ています。産地や原材料の見える化を求める安心・安全志向や、「モノへの執着から解放されよう」という断捨離ブーム、来るべく消費税増税に加えて経済の先行き不透明感による若年世代の預貯金志向など、これまで以上に消費者の購入判断の基準は厳しくなっています。

売り手と買い手の相反する思いが錯綜する売り場は、企業のマーケティング担当者にとっての主戦場。自社の商品をできるだけ高くたくさん売りたいメーカーと、できるだけ安く仕入れて高く売りたい小売業は、取引条件をめぐってしばしば対立する関係にあります。競合よりもいい場所にたくさん陳列してほしいと考えるメーカーに対して、小売店は売れる商品をできるだけ安く仕入れたい。メーカーはすべての小売りチェーンで売りたいが、小売店は売れる商品なら自分の店だけで売りたいのです。

しかし、消費者にひとつでも多くの商品を買ってもらいたい、顧客満足を高めて繰り返し買ってもらいたい、という点では利害は一致します。この共通の目的に対しては、メーカーとバイヤーは相思相愛でｗｉｎ－ｗｉｎの関係にあるのが理想です。そこで最近では、小売りチェーンとメーカーが「ＰＯＳ情報開示システム」でつながる製販コラボレーションによる受発注管理や商品開発も始まっています。

メーカーと流通は、一方では利害が対立しながら、他方では相思相愛になりたいと願う、複雑な関係にあります。「ＰＯＳ情報開示システム」というデジタルインフラが整備されてきたとは言え、それだけで意思疎通がスムースになるほどことは簡単ではありません。

そのような関係の中では、「流通の心のスイッチ」を押し、主要なステークホルダーに「この商品を売ろう」、「この商品は売れる」という気持ちになってもらい、「売れ続ける仕組み」をつくることが、マーケターのミッションになります。本章では、そのためには、どう考え、どう行動したらいいのかを説明していきます。

この本を手にした読者の皆さんは、「ショッパー・マーケティング」とか、「ショッパー・インサイト」といった言葉を耳にしたことがあるかと思います。マーケティング活動において、買い物中の消費者の心理に注目するのは当たり前という感じもしますが、実は「ショッパー・インサイト」が重視されるようになったのは比較的、最近のことです。

自分自身の日常を振り返れば、たとえば喉が渇いたので飲料を買おうと、通りがかりのコンビニエンスストアに立ち寄った際、「このブランドの商品を買う」と最初から決めているケースがどれだけあるでしょうか。多くの場合、店頭で見て決めているはずです。

家で家族と会話をしながらテレビを見ている人よりも、「買う」つもりでお店に来ている人（ショッパー）に働きかけるほうが施策に対する成果を得やすいというのは、当然と言えば当然ですが、店頭での消費者行動を重視するマーケティングは、まだ始まったばかりであり、それだけに課題もありますが、様々な手法開発により、発展の余地がある面白い分野と言えます。

ショッパー・インサイトに迫り、効果的なマーケティング施策を実施していく上で欠かせないパートナーが、小売業のバイヤー（店長や社長がバイヤーという企業もある）です。一般に流通という場合、大きく卸と小売りの二つに分かれますが、ここでは小売りのバイヤーを中心に話を進めます。

バイヤーとはどんな人たちで、どんな判断基準や思いを持っているのか、その本音に迫ることなしにマーケティングは語れません。マーケターにとって、とりわけ大事な商談相手は大手小売りチェーンのバイヤーです。バイヤーにとって一番、重要な判断基準は「売り場効率」です。「売り場効率」とは、年間販売額を売り場面積で割った数字です。販売額は単価×個数で決まります。そのために、バイヤーがやることは、「売れる商品を仕入れて棚に並べること」です。単純化すると、一言で説明ができてしまいますが、それを実現するためにバイヤーがやらなければならない仕事は極めて多岐にわたります。価格を決めたり、店頭にどう並べるか（マーチャンダイジング）を考えたり、その段取りをしたりといったことが含まれます。かつては店舗で売る商品をメーカーから買い付けるのが仕事の中心でしたが、今ではメーカーと一緒にPB（プライベート・ブランド）商品を開発することもバイヤーの仕事に含まれるようになっています。全国展開する小売りチェーンなら、エリアや商品カテゴリーごとにバイヤーがいて、地域性やカテゴリーに合った品揃えに努めています。

バイヤーとマーチャンダイザーの役割が明確に分かれていることもあります。その場合、バイヤーは、国内外の競合店調査などを基に商品開発やマーチャンダイジングの企画を行い、マーチャンダイザーはその企画書を基に、原材料から製造工場選定までの商品開発の工程を受け持つという役割分担になります。両者を兼ねるバイヤー・マーチャンダイザーという場合もあります。

商品の原材料、原産国、商品製造工場、サプライヤー、自社物流センターへの商品輸入ルートの選定や、商品サンプルチェックや品質・仕様打合せ、価格交渉、店舗での売り場展示方法、

ＰＯＰの企画・立案等々、多岐にわたるバイヤーの仕事。しかも一人のバイヤーが担当する商品の数はひとつ、二つではありません。売り場面積２万平米規模の総合スーパーマーケットなら、10〜20万アイテム、１００平米ほどのコンビニエンスストアでも２５００〜３０００ものアイテムがひしめき合っています。しかも、その品揃えは季節によって変化します。そして、次から次へとメーカーからの営業提案がやってくるのです。

メーカーの営業が交渉する相手は、日々このような業務をこなしているということを頭に入れておくことが重要です。では、そのような人たちに提案を聞いてもらうにはどうしたらいいでしょうか。

メーカーの営業が陥りやすいアプローチの勘違い

現代は、「ＰＯＳ情報開示システム」によって、日々の小売り情報をメーカーも入手することができるようになりました。その分、マーケターがバイヤーの心理を理解して、思いを伝えるのが容易になったはず……と考えたくなりますが、実際はそうとは限りません。多数の店舗を持つ大手小売りチェーンは、メーカーにとって、とても魅力的な売り場です。営業としては、なんとしても、売り場の決定権者と相思相愛になりたいところです。しかし、その思いが裏目に出て、間違った行動に出てしまうことがよくあります。ありがちなのが、自社商品に都合のいいデータばかり並べて自信満々でアピールしてしまうことです。

北海道で大きなシェアを持ち、独自の品揃えで成長しているコンビニエンスストア「セイコーマート」の丸谷智保社長が、こんなエピソードを紹介しています。

ある菓子メーカーが、若者向けの新商品の取引交渉にセイコーマートにやってきたときのこと。そのカテゴリーの菓子をあまり買わなくなった若者をターゲットにしており、確かに戦略的に設計された商品だ。味覚やパッケージに工夫が施されている。だがその分、値段が高い。

一方で、セイコーマートの顧客における10～20代の比率は十数パーセントにすぎない。到底、そのままでは売れ筋商品になるとは考えられない。交渉に来たメーカーの営業担当者に、丸谷社長はこう尋ねた。「なぜ、うちにこれを持ってくるんですか?」。しかし担当者の答えは的を射ない。何日も経って、そのメーカーの本社のマーケティング部長から、長々とした説明が届く。その「戦略」、それはそれで精緻につくられていて、立派に見えるけれども、「やっぱり、この商品はうちには要りませんね」と、断ったという。(『マーケティング立国ニッポンへ』神岡太郎ほか著、日経BP社、P31－32より)

バイヤーはいつも、お客様がそこを目当てに来店するような「売り場効率」が良くなるようなマーチャンダイジングができないかと考えています(※セイコーマートの場合は、丸谷社長がバイヤー)。

先にも述べたように、「売り場効率」とは、年間販売額を売り場面積で割った数字です。これをアップさせるには二つのアプローチがあります。ひとつは値段を高くする(高くても売れる商品を置く)こと、もうひとつは、個数を多く売ることです。同じ個数であれば高く売る、同じ値段であればたくさん売る、それまで入っている商品を、新たな商品に変えるときは、このどちらかを期待しています。

同じカテゴリーの商品を高く売るには、既存品にはないメリットを、説得力のある形で示さなければなりません。味覚やパッケージに工夫が施されているだけでは、購入するメリットはありません。この菓子メーカーは、「売り場効率」をよくするアプローチのどちらにも当てはまらないものを提案しに行ってしまったということになります。

バイヤーとの交渉は「マイナス感情」から始まると心得よ

このようにメーカー側の言った通りに売り上げが伸びるわけではないことを、バイヤーは何度も経験しているので、メーカーから提案の裏付けとされている定量データをそう簡単には信じてくれません。セイコーマートと菓子メーカーのやり取りのケースでも、メーカーの本社のマーケティング部長が、長々とした説明を送りつけています。その中には「戦略」の妥当性を裏付ける数字が並べられていたことでしょう。しかし、それはメーカーに都合のいい数字であって、豊富な生鮮食品や１００円惣菜といった独自の品揃えで消費者に支持されているセイコーマートの売り場から見て説得力のある数字ではなかったと想像できます。そうでなければ丸谷社長は耳を傾けていたでしょう。

取引が成立するにせよ、しないにせよ、バイヤーはいつでもこういったメーカー目線の、いわば独りよがりの数字を見せられているので、どんな数字も疑っていると考えたほうがいいかもしれません。つまりバイヤーとの交渉では、数字への疑念を乗り越えるだけの説得力のある提案をしなければならないということです。

そのために、いったん自分が売りたい商品のことは忘れて、バイヤーの立場で売り場を見渡してみましょう。バイヤーにとって腹落ちするような商品の価値、商品の広め方とはどんな方法でしょうか。どんな提案ならバイヤーは耳を傾けてくれるでしょうか。

初めての取引であれば、できるだけ早い段階で、仮説をぶつけてみることです。その際に大事なのは、お客様のニーズに応えることで売り場効率の向上に貢献したいという基本的な考え方を伝えることです。相手の立場と相手にとっての大事なステークホルダーのことを中心に考えることによって、はじめて提案が説得力を持つのです。

そして、実際の陳列イメージやそこでの訴求ポイントを示しながら、相手のニーズを聞きだします。初期の段階での仮説には、バイヤーの言葉を聞きだすアイスブレーカーのような意味もあります。たとえば、30代男性のスキンケア商品をドラッグストアに提案したいのであれば、訴求のポイントを示したＰＯＰのラフスケッチなどと一緒に、できるだけ具体的に、仮説を提示してみるのです。

「30代の男性は、日中の皮脂のテカリが気になっているにも関わらず、実際にケアをしている人は少数です。その理由はテカリを抑えるスキンケア商品が十分認知されていないためです。そこでこのような訴求の仕方を考えてみましたが、ご意見をお聞かせください」

客観的なデータと具体的な訴求の仕方や陳列のイメージを示しながら提案します。そこでバイヤーから返ってくる言葉が次の提案にとって重要な手がかりとなります。大事なことは「傾聴」により、バイヤーのインサイトを得ることです。ですから、「それではダメだ。もっとこういうアイデアじゃないと……」と意見が出てきたらチャンスです。「ここをもっと強調してくれれば売り場で売りやすい」「こういう部分を世の中（報道や専門家のオピニオン・リーダー）で伝えてくれたら、売り場ではもっと売れるのではないか」といったヒントをもらうことができます。

そういうQ＆Aを何度か繰り返すことで、売り場全体が活気づき、お客様が満足し、結果として売り場効率が上がるストーリーづくりにバイヤーも一緒に参加してもらうのです。売り場づくりのプロセスに、バイヤーの視点を組み込んでいくことによって、仮説の精度が高まり、施策の有効性が担保されていきます。

ＰＯＳデータや消費者の属性がわかるポイントカードのデータなどが揃ってきたことで、小売業の持っているお客様情報は、圧倒的にメーカーを上回っています。かつてのように単純な販売データを基に「売れた・売れなかった」を判断していた時代とは異なり、年齢・性別・職業などの個人の属性と購入品目や買い物している時間帯、リピート率など様々な情報をクロスさせることによって、きめ細かく消費者の動向を正確に把握できるようになっています。こうなると、お客様とのインターフェイスである売り場の方々と、その代表であるバイヤーと一緒になってマーケティングに取り組んでいくことがより重要になります。

かつて、「大手小売りの商品部（バイヤー）を3年やったら家が建つ」とささやかれたこともありました。これは、メーカーとバイヤーが一緒になって仮説・検証のプロセスを踏むことによって、潜在的な需要を掘り起こす、科学的なマーケティングの方法が知られていなかったことも要因のひとつと考えられます。しかし今日では、製販コラボレーションによって、売り場効率を上げ、需要創造していく時代が始まっています。

製販コラボによる売り場の活性化はもう始まっている

製販コラボの先進事例として、いま大きな注目を集めているのが、福岡県と山口県にドラッグストア・調剤薬局計64店舗（２０１３年3月末時点）を構えるサンキュードラッグです。サンキュードラッグは、店舗のあるエリアは限定されていますが、オンライン・ドラッグストアでは全国区で売り上げを伸ばしており、健康食品や化粧品、日用品、アロマ用品、ベビー用品など幅広い品揃えで顧客ニーズに応えています。さらに、「健康セミナー」「育児相談会」など、様々な企画で、オフラインでも消費者のニーズに応えています。

とは言え、ドラッグストア業態の中ではまだ上位10社にも入らないローカル企業。そのサンキュードラッグが注目されている最大の理由は、平野健二社長が始めた「潜在需要発掘研究会」です。

潜在需要発掘研究会は、メーカー・卸売業とサンキュードラッグとの協働マーチャンダイジングの場として2007年に発足しました。メーカー・卸合わせて約70社のマーケティング担当者と、サンキュードラッグの社員を含む300人以上の企業人が参加しています。マーケティングや消費者行動論を学ぶ福岡大学商学部の太宰ゼミの太宰潮准教授やその学生たちも参加して、店頭で調査を行い、その結果に基づいた提案を行ったりしています。

この研究会では、売り場とサプライヤーが協働で、新しいマーチャンダイジングのアイデアを出し、実売データに基づいて検証を行い、売り上げアップに貢献した方法を横展開しています。平野社長のすごいところは、サンキュードラッグで成功したマーチャンダイジングの方法を、他店に対してもオープンにしているところです。

たとえば、口臭の元となる舌苔を除去する菓子がありました。メーカーは、20代、30代をターゲットに設定し、若者向けのテレビCMを流していました。確かに、20代、30代の購入者の数は多かったのですが、そのほとんどが1回しか買っていませんでした。ところが、同じ商品を買っている60代は、総数は少ないものの、リピート率が圧倒的に高かったのです。そこで、中高年向けの販売戦略を打ち出したところ、売り上げが約3倍に伸びたと報告されています。口臭を気にしている中高年は多かったのに、その人たちに響く広告コミュニケーションや販売戦略ができていなかったため、彼・彼女らの需要とコミュニケーションの隙間を埋めるマーチャンダイジングを展開したわけです。

また、それまでサプリメント売り場に置かれていた鉄分のサプリメント製品を、生理用品の隣に陳列したところ、売り上げが伸びたという事例も報告されています。サプリメントというカテゴリーの中で埋もれていた女性の鉄分への需要を掘り起こしたのです。

サンキュードラッグのような方法は、九州のローカル企業だからできるのであって、全国展開は難しいという向きもあります。しかし、きめ細かなローカル対応が奏功して成長している小売業が出てきており、ナショナルチェーンにも、そうした動きが波及しつつあります。たとえば、ローソンは生鮮食品を扱っているローソンストア100や美しく健康で快適なライフスタイルをサポートするナチュラルローソンなど、エリア特性によって、店舗の形態を変えてきています。

メーカーのマーケターと、小売りのバイヤーとがタッグを組んで売り場を活性化するトレンドは今後ますます加速していくのではないでしょうか。

バイヤーが売る気になる心のスイッチ

ここまでバイヤーの視点から流通の現場を見てきました。

次に、バイヤーの「心のスイッチ」を押すための方法論を整理していきましょう。先にも述べたように、「この商品を消費者に売りたいのです。わが社が行った消費者調査でもいいデータが出ていますから、是非お店に置かせてください」といった一方通行の主張ではだめです。大切なのは、「この商品がお店にあることによって、お店の品揃えに貢献します。そして、お店の周りで暮らす消費者のお役に立ちます」ということを伝えることです。このように相手の立場に立った姿勢で提案していることを理解してもらったときに初めてバイヤーはこちらの提案に耳を貸してくれます。

次に、具体的な説明に入る段階で注意すべきことは、バイヤーだけが納得する説明では不十分ということです。バイヤーが会社の上役に報告し、社内のステークホルダーに説明するときに、説明しやすいような数字や資料を整える必要があります。つまり、流通とはあくまでもお客様とのインターフェイスであり、バイヤーとは取引先全体のインターフェイスであり、常にその背後にいる関係者を意識してアウトプットしていかなければならないということです。

そういった相手の立場に想像力を働かせると、自ずと提案が満たすべき条件が浮かび上がってきます。

サンキュードラッグの「潜在需要発掘研究会」でのクロス・マーチャンダイジングからわかることは、これまでは、流通側やメーカー側に都合のいい商品カテゴリーで商品が陳列されており、それは、消費者にとってベストな方法ではなかったということです。しかし従来の商品カテゴリにとらわれず、もっと消費者の利便性を叶える陳列にすれば、売り場効率は上がることがわかってきています。

このように考えると、消費者の目線で見たときに、今の売り場に足りないところを補う提案をしていくことが、バイヤーの「心のスイッチ」を押すポイントとなることがわかります。その際に、実際の売り場での仮説・検証のプロセスをはさんでエビデンスを示すことができれば、さらに説得力が増します。

エビデンスを示すときに気をつけなければならないことは、既に定量データに表れている顕在需要ではなく、まだ顕在化していない潜在需要を掘り起こす「売り場イノベーション」を目指すことです。バイヤーは、既存の商品カテゴリー、既存の売り場にとらわれないイノベーティブな提案を期待しています。

画期的でありながら、「この商品は売れそうだな」とバイヤーに思ってもらうためには、お店の外からの説得力が効きます。専門家の持つ説得力やメディア報道による客観性を持ったＰＲ

戦略や、タイムリーな広告コミュニケーションと店頭キャンペーンを組み合わせた一連の仕掛けは、バイヤーの心に響きます。

その商品を買いたくなるような情報と接した上で消費者はお店にやってくるのですから、お店にとっては強力な追い風となります。それまで、売り場で孤軍奮闘してきたバイヤーにしてみれば、お店の外からの強力な追い風がありがたくないはずはありません。

文脈（コンテクスト）についてバイヤーに伝えるときの注意点は、消費者を中心につくったストーリーを、流通のメリットに置き換えて語ることです。本筋は変えずに、流通の立場になって、流通の言葉で言い換えるということです。「（お客様が）繰り返し買いたくなる」であれば、「来店頻度が上がる」「リピート率が上がる」。「2点一緒に買うことでユーザーメリットが高まる」であれば、「客単価が上がる」。「品薄になるのを気にしてまとめ買い」であれば、「購入点数が増える」といった具合です。

また、業態やエリアによる売れ筋の違いや陳列方法の違いにも細かく配慮して提案に落とし込みます。たとえば、コンビニエンスストアは売り場が狭いので大量陳列ができませんし、基本的には値引きもできません。また直営店かフランチャイズ店か、本部と個店の関係によっても違いがあるので、そういった点にも配慮する必要があります。

このように相手の立場になって、きめ細かな配慮をしていくことで、バイヤーの「心のスイッチ」がオンになります。売り場のアドバンテージを生かすためにも、マーケターとバイヤーとが息のあった連携プレイをすることが不可欠なのです。

Ｏ２Ｏマーケティングの時代が始まっている

さて、流通インサイトの主要なステークホルダー、バイヤー（マーチャンダイザー）のインサイトの次に触れておきたいのが「Ｏ２Ｏ」（オムニチャネル）というテーマです。第１章でも述べた通り、Ｏ２Ｏは、マーケティングに革新をもたらしつつあり、バイヤーの「心のスイッチ」を押すキラー・コンテンツになりつつあります。

スマートフォンの普及に伴って、消費者が商品に関する情報と接するタッチポイントと、購買の意思決定をする場所、そして実際に購入する場所に様々なバリエーションが生まれています。オンラインで知った情報を基に売り場に行って、見本やサンプルに実際に触れてみて購入を決める場合もあれば、売り場で見た情報を、オンラインの比較サイトで確認して、最終的にスマートフォンからＥＣサイトにアクセスして購入する場合もあります。

オンラインのタッチポイントは、検索連動広告かバナー広告、あるいはソーシャルメディア上で触れた友だちの口コミだったかもしれません。またＥＣサイトでの買い物は、自宅ではなく、通勤電車の中や、もしかすると長時間におよぶ退屈な会議の途中かもしれません。購入意思決定の場や、それにつながる「コンバージョンパス」は多様化しており、また、最終的に購入に至る経路もオンライン・トゥ・オフラインの場合もあれば、オフライン・トゥ・オンラインの場合もあり、両者が組み合わさって意思決定に至る場合もあります。消費者は、いつでもどこでも自分に都合のよい場所やタイミングで買い物ができるようになりました。それに合わせてO2Oのマーケティング施策も最適化していかなければなりません。

そうした情報環境の変化を受けて、オンラインからオフラインへと消費者を誘致する様々なサービスが始まっています。しかし、これまでのO2Oの多くは単発型で一方向、お得な情報やクーポン配信に終始しているものばかりで、これだけでは単なるオンラインでのクーポンのばらまき施策になってしまいます。

O2Oは今後、継続的な顧客育成を目的にしたデジタルとリアルを循環するO2Oのマーケティングへと進化していく必要があります。オンライン（デジタル）とオフライン（リアル）を、消費者の行動導線に合わせて有機的に組み合わせ双方向で継続的に機能することでO2Oは真価を発揮すると言ってもいいでしょう。

そして、そこには人をわくわくさせるコンテクストやストーリーの設計、継続して参加したくなるゲーミフィケーションなどのコンテンツや仕掛けが必要なのです。

売り場のテーマと世の中のテーマを一致させる

「食物繊維、足りていますか」

「1日に必要な食物繊維の量は大人の男性で19グラム、女性なら17グラム」

「でも、ほとんどの10代～40代の人が食事から十分な食物繊維を摂れていません」などといったメッセージで、かつて私が素材メーカーのマーケティング担当者時代に第二次ファイバーブームを仕掛けて食物繊維を豊富に含む飲料や機能性食品の需要喚起をしていったことがありました。たとえば、コンビニエンスストアであれば食物繊維という共通のテーマで、飲料やパン、機能性食品などいろいろなカテゴリーの商品を組み合わせた売り場を展開しました。

本来は、売り場でつくるテーマと世の中に提示するテーマを連携させて、同時期に訴求するのが望ましいのですが、これまではうまく連動できていたわけではありません。なぜなら、現代はＩＴや情報システムの進化に伴って売り場がリアルタイムに世の中のタイミングに合わせられるようになってきましたが、かつては売り場が世の中のトレンドを後からフォローするので精一杯。たとえば、世の中に「食物繊維が足りませんよ」と情報を提供しても、その製品が売り場の棚にないので消費者は買うことができません。また、売り場の担当者に「現代人には食物繊維が足りない」という意識があっても、そのテーマが世の中で十分に話題化されていなければ消費者の興味を引くことはできません。売り場と情報をしっかりリンクさせ、効率的に認知を得て店頭で「買おう」という気にさせるまでのプランニングができていなければならないのです。

前述のように、売り場がリアルタイムに世の中のタイミングに合わせられる。さらには売り場から企画テーマを仕掛けられるようになってきたのが最近の傾向です。ここでも「情流」と「商流」を統合的にマネジメントしていくことが重要になります。メーカー社内の広告、広報、営業、販促などの各部門のオペレーションが統合されていれば、マーケットの情報がリアルタイムに共有化されることにより、それぞれにシナジーが生まれて、全体として効率のいいマーケティング活動が実現します。

反対に、オペレーションが統合されていないことによるチャンスロスははかり知れないほど大きくなります。様々なノイズが入ってくる中で、マーケターは全体を俯瞰して個々のオペレーションを最適化していかなければなりません。このように全体を見渡して「売る」という目的に対して何がベストな選択なのかを客観的に判断していくことが求められます。

一見、当たり前のことのように思えるかもしれませんが、実は広告などのコミュニケーションの施策と小売店の棚替えのタイミングが一致しないケースは少なくありません。メーカーのお客様相談室には、「テレビＣＭを見て売り場に行ったけれども商品が見つからなかった」、「売り場が目立たなくて探すのに時間がかかった」といった声がしばしば寄せられるのです。マーケティング担当者が売り場の重要性を理解し、「情流」と「商流」をきちんと連動させることが不可欠です。

ここまで、メーカーと流通の関係性の中で、流通バイヤーの心のスイッチを押す方法について述べてきました。流通チャネルという点からとらえれば、メーカーだけでなく、様々な業種、業態においても自社の商品、サービスの販売に携わっている販売代理店、商社、ビジネスパートナーやフランチャイズの心のスイッチを押すことが重要なことに何ら変わりはありません。そして、関与するすべてのステークホルダーが幸せになれるストーリーこそが皆をひとつにし、売れ続ける仕組みを機能させるのです。

モノではなく「サプライチェーンマネジメント」

もうひとつ、売り場を考えていく上で重要なことは、需要のピークに合わせるだけでなく、発売後の継続的な生産から販売までの需要と供給の適切なサプライチェーンマネジメントです。ＰＲによる話題づくりや広告コミュニケーションが奏功して、５月から売り始めたら６月末には品切れになってしまった。生産が追い付かないので、広告もＰＲもストップせざるを得なかった。小売店からは「いつ入荷できるんだ」という問い合わせが来て、あわてててフル稼働で生産したが、商品が届く７月頃には棚替えで別の商品に置き換えられてしまった……というケースもあります。この場合、一度は需要創造に成功したものの、打ち上げ花火的で、その後に大きな機会損失が発生しています。

生鮮食品やお惣菜などの場合によくあるのが、ブームの次の年につくりすぎてしまうことです。ある野菜などが突然、ブームに乗って爆発的に流行したとします。その年は急な需要拡大に対応しきれず欠品してしまい、チャンスロスをしたので翌年もブームを当て込んで生産量を大幅に増やしたところ、既にブームが過ぎ去っていて思ったように売れずに腐らせてしまうということが起こります。生産と販売のサプライチェーンをきちんと管理していればロスは最小限に抑えられたかもしれません。これも部門間の連携が十分でないがゆえに生じる問題です。

そう考えると、マーケターは一発屋ではバイヤーの信用を得られないということになります。できるだけ計画に近い値で継続的に安定して生産から販売までをマネジメントできる体制が、生産側にとっても、流通側にとっても理想だということです。

ここまで述べてきたように、売り場を起点に売れ続ける仕組みを考えていくと、それを実現していくためには、社内のオペレーションにも課題があることがわかります。理想とするのは、社内の各部門の「心のスイッチ」が入って、各プレーヤーがスムースに連携していくことです。先ほども述べた通り、マーケティングにおけるオペレーションの統合が不可欠です。

これまで多くの企業の方々の話を聞いてきた経験を踏まえて言えば、マーケティングに課題を抱えている企業の多くが、セクショナリズムの問題を抱えています。マーケティングがうまくいかないという企業では、部門間の壁が厚く、「購買意欲を喚起する」重要な要素があるのに、どこかで停滞しているといった状況が見られます。「話題性・説得力のある機能性」「他の製品にない強み」といった客観的な情報や、それらに裏付けられた「自信」や「売る気・やる気・モチベーション」といった要素が、部門間をスムースに流れず、結果として、全体的になんとなく元気がないといった状態です。

たとえば、ある衣料品メーカーでは、研究開発部門の人たちは、「自分たちの研究成果について宣伝部門が積極的に広告宣伝しないから、消費者の信頼が得られないのではないか。もっと積極的にプロモーションをしてほしい」という不満をもっており、一方で営業部門の人たちは、「研究開発部門の博士たちの研究は、自己満足で市場が求める商品に結び付かない」という不満を持っていました。さらには、開発部門は「自分たちは、すごくいい商品をつくっているのに、営業のやり方が悪いから売れない」と言い、営業部門は「あんなくだらないものをつくるから営業部門が頑張ったって売れないんじゃないか」と言って、互いにいがみ合っていてろくに口もきいたことがないということもありました。

そういう状況下では、まず営業部門の人に、消費者や流通から上がってきている消費者のニーズやウォンツを提示し、「これに研究所の持っている技術（シーズ）を結び付け、こんな商品をこんなコンセプトで売り出したら売れませんかね」という提案をしてみます。消費者が求めているものと、研究所の持っている知財が結び付くことがわかると、営業の態度は変わるものです。

実は、一定以上の規模の会社では、このように、技術のコアになる研究所と、営業利益を生み出す最前線の営業部門との間に、接点がないことが珍しくありません。お互いに遠い存在であることが多く、「こんな新しい技術が開発された」と書いてあってもピンときていないことが多いのです。それでも、業界専門誌などに載ったりすれば、少しは関心を持って見るかもしれませんが、研究途上でデータが出揃うまで時間がかかるようなものは、部門が違うと全く知らないということもあります。

そこで、社外のニュートラルな立場から研究所のシーズを伝えると、「すごくいい商品ができるんじゃないか」と喜ばれます。そして、ついこの間まで研究所を敵視していた営業部の人たちが、「早急に開発してください。よろしくお願いします」と態度を変えることも珍しくありません。営業部の価値判断の基準は「お客様」ですから、そのウォンツに応える製品ができそうとなれば、営業部もじっとしているわけにはいかなくなります。

マーケターには、各部門の判断基準や優先事項を理解して、みんなの「心のスイッチ」が押される共通項を探しながら、アウトプットにつながるように、コーディネートしていくことが求められます。

成功体験を仕組み化する

社内の「心のスイッチ」について見てきましたが、ここで間違えてはいけないのは、優先すべきことは、あくまでもゴールはユーザー、顧客の満足だということです。

明確な消費者のインサイトが見つかりそれが社内で共有化できれば、それが各部門への一番の説得材料になります。ただ、社内のステークホルダーへのネゴシエーションを進めていく過程では、どうしても社内プライオリティ、流通プライオリティが立ちはだかって思うように前に進んでいかないことがあるのです。そこで消費者のウォンツをゴールに見据えながら、社内、流通の「心のスイッチ」をどう押せるかが問われてくるのです。

マーケティングがうまくいっている企業では、計画↓実行↓評価↓改善のＰＤＣＡサイクルがきちんと回っています。ＰＤＣＡを回すためにはまず設計図とマニュアルが必要で、それを基に何がよかったのか、または悪かったのかを検証しています。常に成功・失敗の理由を必ず明らかにし、次に生かすことこそが大事なのです。

〈参考文献等〉
「我が国流通業の現状と取組・課題について」平成24年4月、経済産業省 産業構造審議会 流通部会 審議用参考資料

「世界経済の新たな発展を先導する『アジア大市場の創造』」通商白書２００８年版、経済産業省
http://www.meti.go.jp/report/tsuhaku2008/2008honbun/html/i2410000.html
『店長の常識』上保陽三（著）（商業界）
『バイヤーの常識』上保陽三（著）（商業界）
『これからのドラッグストア・薬局ではたらく君たちに伝えたいこと』平野健二（著）（ニュー・フォーマット研究所）
『なぜ社員はやる気をなくしているのか』柴田 昌治（著）（日本経済新聞社）

第6章 ——日本におけるマーケティング・イノベーションの課題

スマホ&ソーシャルメディア時代とCMO

2013年6月、日本マーケティング協会、日本マーケティング学会は共同で「コトラー・カンファレンス2013」を開催しました。世界的なマーケティングの大家であるフィリップ・コトラー教授（ノースウェスタン大学ケロッグ経営大学院）の来日は10年ぶりで、会場には企業や大学から多くのマーケティング関係者が集まりました。

その中でコトラー教授は、「マーケティング指南：日本がとるべき8つの方法」と題する講演を行いました。コトラー教授が、その際に提示した成長に必要なポイントとは次の通りです。

【1】事業モデル型イノベーション

多くの企業がプロダクトのイノベーションばかり考えるが、視野を広げて事業モデルのイノベーションを起こせないかを考える。

【2】カスタマーとの共創

新しいアイデアを得るにはカスタマーに寄り添うべき。カスタマーの声を基に考え、カスタマーと共にアイデアをつくる。

【3】マス・マーケティングからスマホソーシャルメディア・マーケティングへの迅速な対応を

従来型のマス・マーケティングから脱却し、ソーシャルメディアを使ったコミュニケーションにシフトすべき。人々は多くの時間をスマートフォンやタブレット、PCなどテレビ以外のディスプレイを見ることに費やしている。彼らがいる場所を理解した上で、コミュニケーションの方法を考えるべき。また、オンライン上での行動はデータとして蓄積でき、消費者をよりよく理解する際にも活用できる。

【4】CMO（マーケティング最高責任者）の導入

CMOはCEOになれる資質を持った人がよい。コミュニケーションの専門家ではなく、ビジネスを理解できる人が適している。

【5】カスタマー満足

カスタマー満足を最優先で考える。

【6】ミッションを持ったブランドの確立

強いブランドに必要なのは、社会にどんな変化をもたらすのか、人々の生活や幸せにどんな貢献ができるのか、その使命を持っていること。

マス・マーケティングの時代からスマホ&ソーシャルメディアマーケティングの時代に、メディア環境が変化していることと、「売れ続ける仕組み」をつくるためにビジネス・プロセスを含め、オペレーションを統合していくことが必要となっていることは密接に関わりあっています。

CMO不在の日本企業

マーケティングは、消費者のニーズをとらえるサイエンスと、市場を創造するクリエイティブなアートとが融合した、幅広く総合的な活動です。合理性と創造性という、一見相反するような二つの活動が組み合わさった包括的な活動であり、それらをとりまとめて成功に導くためには、広範なスキルが必要とされます。

ところが多くの日本企業では、マーケティングがこのような活動であることが認識されていません。優れた製品をつくることや魅力的なテレビCMをつくることは「クリエイティブ」と認識されていても、「マーケティング自体がクリエイティブな活動である」と思っているメーカーのマーケティング担当者はまだ少ないと思います。少しずつ認識が変わってきてはいるものの、まだ実践と成功事例が追い付いていないというのが現状です。

しかし、欧米のグローバル企業では「マーケティング」は高度な専門知識とスキル、そしてクリエイティビティが要求される専門職とみなされ、いったんそのポジションを得るとその道を究めることになります。そうすることによって、企業内にマーケティングのノウハウやナレッジが蓄積されていきます。

その違いは組織のあり方や人事にも表れています。先のカンファレンスでコトラー教授も指摘している通り、多くのグローバル企業ではCMOという役職があり、マーケティング活動を横断的に統括しています。日本でCMOがいる企業はごくまれです。各部門のマーケティング活動を、横断的に統括している責任者がおらず、マーケティング予算の最終承認は事業部門や広告部門の担当役員や社長決裁であることも珍しくありません。

そして30代、40代のCEOや上級役員が多く存在する海外の企業とは異なり、一般的な日本企業では、そのポジションに登りつめるには50代以上になっているのが通例です。マス広告全盛期の成功体験が染みついている50代以上の最終権限者に、日々進化し続ける最新のマーケティングを説明して理解を得るのは容易ではありません。

アイ・ビー・エムが2011年に世界のマーケティング担当役員を対象に調査を行ったところ、64カ国18業種中1734名の対象者のうち、日本の対象者はわずか68名と4%に満たない数字でした（馬渕邦美、宣伝会議2013年4月1日号）。この結果は、日本の自動車や家電メーカーが世界的なブランドを多数持っていることと照らし合わせてみると驚くべきことです。

CMOがいなくても、優れた成果を出している企業があるということは、ある程度マーケティングが仕組み化されている企業が多いということなのかもしれません。一方で、スキルやノウハウが属人的なものにとどまってしまっているとも考えられます。実際に、これまで私たちが関わってきた企業でも、せっかく専門性を身につけた人材も、数年で配置転換されてしまい、その専門性を深めることができなかったり、組織にナレッジが蓄積されていないといったケースが散見されました。これではダイナミックでクリエイティブなマーケティング活動を通して、市場に働きかけていく事業モデル型のイノベーションを起こすのは難しくなります。

そのような背景もあり、日本にはマーケティングの専門性を持った人材が不足していると言われています。大学でマーケティングを専攻し、それを生かした仕事に就きたいと思ったとき、待遇面や専門性の観点から就職先としてメーカーではなく広告会社を思い浮かべてしまうことも理由のひとつです。メーカーでマーケティングを担当しようという学生にはなかなかお目にかかれません。最近のデジタル技術の導入による広告ビジネスの構造変革で、広告会社の対応が追い付かず、事業会社のマーケターの役割がますます大きくなることが想定される中、事業会社のマーケティング人材の確保は急務です。

このＣＭＯの問題については、既に２００６年頃から一橋大学の神岡太郎教授らが指摘していましたが、最近になってようやく日本でも関心が高まってきました。一方、アメリカをはじめとする諸外国のグローバル企業では、ＣＭＯ誕生から10年以上の歴史があり、後れを取り戻すには相当の努力と改革が必要と考えています。

なぜ、このような違いが生じているかというと、欧米では日本ほど均質的で大きなボリュームを持った市場もなければ、消費者に効率的に情報を届けられるような寡占的なマスメディアも存在しないためです。たとえば、アメリカは気候風土も違えば人種や宗教も違うし生活文化も違うので、同じ消費財でも売れ方が異なります。

ヨーロッパも国によって言語や宗教が違いますし、そもそも1カ国で1億人以上の人口を抱えた市場もありません。地域特性、言語に合わせてメディアも進化・分化しますので、日本のようにテレビではキー局、新聞では全国紙という効率のいい媒体が存在している状況は、世界的に見ても非常にまれなケースなのです。

欧米では人種や地域ごとにそれぞれ違う特性を持った消費者にモノを売るために、様々なアプローチで攻める必要性からマーケティング理論が発展し、専門家が育っていきました。しかし、テレビCMなどのマス広告を流していればモノが売れた日本では、本当の意味でのマーケティングを追求する必要性が、そもそもあまりなかったと言えるでしょう。ときに高度経済成長という消費者の需要が爆発的に拡大する時代においては、幸か不幸かマーケティングなしに日本企業は成長することができたのです。

部分最適習慣病から全体最適化への体質改善を

このように、日本以外の国々では、それぞれの市場に対応したマーケティングを考えていかなければならない一方で、ひとつのブランドとしてのアイデンティティは維持していかなければならず、結果としてＣＭＯ、すなわちマーケティング活動全体を取りまとめるリーダーが必要とされてきました。商品開発からパッケージデザイン、パブリシティ、広告コミュニケーション、店頭キャンペーンなど、様々な活動がバラバラに行われていれば、投入する資金や人的コストに対して成果は限定的になってしまいます。売れ続ける仕組みをつくるためには、これらを統合する全体最適化のプロセスが必要であり、その役割を担うのがＣＭＯなのです。

この全体最適化のプロセスには、消費者のニーズをとらえるサイエンスと、市場を創造するクリエイティブなアートの要素が含まれます。各種の統計資料などの二次データや独自の調査等を含むマーケティング・リサーチに基づき、消費者がどのような題材、切り口のメッセージに反応するかを考えて、広告コミュニケーションやＰＲ、店頭コミュニケーション等々、アウトプットするまでを包括的にマネジメントしていきます。

Ｒ＆Ｄ（研究開発）部門や営業・販売部門等、ときとして対立することもあるような各部門の動きを調整するのもＣＭＯの重要な役割です。こうした社内の多様なプレーヤーの動きをファシリテートしながら、包括的にマネジメントをし、最終的に様々なマーケティング活動全般のＲＯＩ（投下資本利益率）を高めていきます。

幅広く、奥行きも深い仕事ですが、日本では、カリスマ的な創業社長がＣＭＯの役割を兼ねているケースがしばしば見られます。直近ではファーストリテイリングの柳井正氏が代表例ですが、古くはソニーの盛田昭夫氏などがそういった存在でした。

しかしCEO兼務型の場合、社長のカリスマ性と、マーケティングのナレッジやノウハウが未分化で、企業内でのナレッジとしての共有化が進まず、マーケティングの仕組みとして浸透しにくくなる傾向があります。また、企業はある程度の規模になるとどうしても部門間の壁が高くなります。カリスマ社長の強力なリーダーシップの下、「一枚岩にまとまって」というのは、創業社長が退くと存続が難しくなり、縦割りの弊害に悩むことになるのです。

では、そうした弊害を克服し、マーケティングを全体最適化していくにはどうしたらいいでしょうか。やはり、コトラー教授の言うように、日本企業にもCMOを設置すべきでしょうか。

私は、何ごとも個人よりも組織での決定を優先する日本企業の風土、文化や、多くの企業の縦割りの組織形態、細分化された権限の実情を考えると、日本企業ではCMO設置にはまだかなりの時間が必要だと感じています。CMO以前に近代的なIMC（統合型マーケティング）の思想をマーケティングに注入して、統合的に意思決定できる組織の改編や仕組みづくり、専門性の高まる社内教育、人材育成システムなどなくして、CMOの導入は不可能だと思うからです。それでは既に数少ないながらも登場しはじめている日本でのCMOの現状と今後のあり方について述べていきましょう。

顧客の個客化とCMOの役割の多角化

先進的にCMOの存在している企業においては急速にCIO（最高情報責任者）というポジションも新設が進んでいます。従来のように、販売データや顧客情報などビジネス上の基幹情報がマーケティングと切り離されたところで管理される仕組みでは、マーケティングにおけるROIの最適化とLTV（Life Time Value＝顧客生涯価値）の最大化を同時に実現することは大変困難になります。

ビッグデータの活用がマーケティングにとどまらず経営課題の重要なテーマとなってきている中で、企業活動におけるITテクノロジーの導入は最も優先させるべきものです。デジタル化によってマーケティングのあり方そのものが変化したこの時代、CIOがコントロールする膨大な情報と、マーケティング部門が保有するマーケット情報や戦略を統合し、バリューチェーン各所の機能をどう有機的に構築していくのかが大きなテーマとなっています。

モバイルやソーシャルメディアの普及、消費者の意思決定方法の変化などを背景に、CMOに求められる要件も変化しつつあります。顧客を年齢・性別などのセグメント別に把握する方法は既に十分でなく、一人の個人、「個客」として理解することが求められています。それを可能にするのはデータです。購買履歴、ソーシャルメディアなどあらゆるタッチポイントで得られる情報から顧客の関心事を知ることができます。データを戦略的に収集し、企業の既存のデータと統合し、そのデータを分析・予測することで、「個客」の興味やニーズを知ることができるのです。そのためにCMOとCIOが連携を深め、一人ひとりに合った「顧客体験」の提供を大規模に実行する仕組みをつくること、そして店舗、ウェブ、ソーシャルメディア、スマートデバイスなどのチャネルを連携し、すべての顧客接点でパーソナライズ化された顧客体験を提供できる仕組みが必要とされています。

加えて、企業文化とブランドを一致させることが今日のマーケティングの課題となっています。消費者はソーシャルメディアを通じて、ブランドの評判を左右する力を持つようになっています。ソーシャルメディア、ウェブ、スマートデバイスなど、あらゆるタッチポイントから出てくる顧客情報を収集し、それを購買履歴や地理的データなど従来のカスタマーベースと統合して分析を加える。これにより、購買頻度が高く、ブランドロイヤリティの高いお客様がどのような行動をするかがわかります。

こうして「個客」を理解し、パーソナライズ化された内容をサービスとして提供していく一連の流れを展開するには、リアルタイムにパーソナライズ化されたシステムであるDMP（データマネジメントプラットフォーム）が必須となるのです。顧客に関するデータと、見込顧客と

図6-（1）
顧客と将来の顧客をユーザーデータで管理する機能としてのDMP

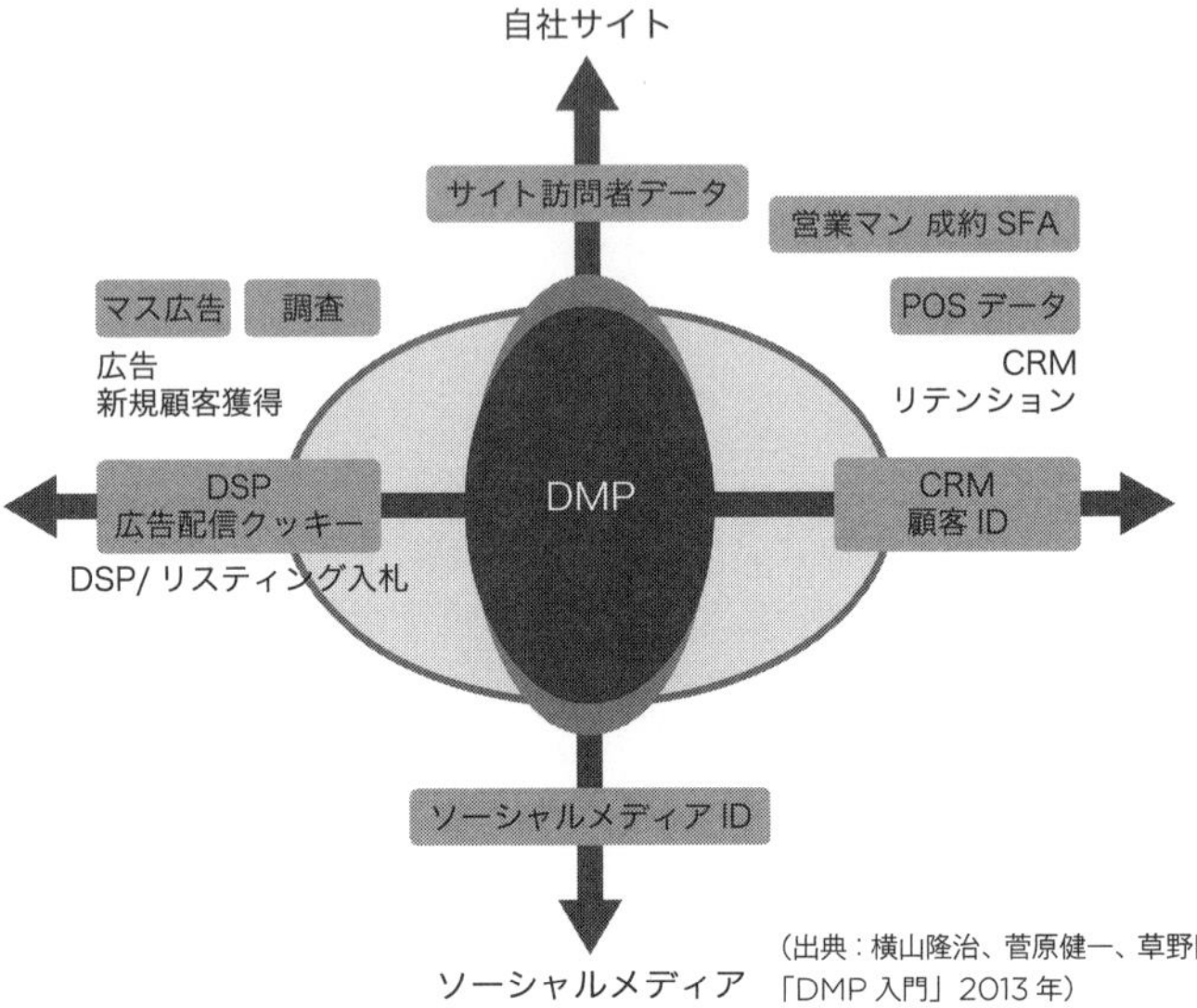

（出典：横山隆治、菅原健一、草野隆史「DMP入門」2013年）

考えられる消費者の様々な行動データを、一元化して同じプラットフォームでマネジメントしていくことで、それらのデータを基に、様々なマーケティング施策を最適化することができるようになっていくのです。

２０１１年にアイ・ビー・エムが世界１７００名以上のＣＭＯを対象に行った調査「CMO Study 2011」では、次世代マーケティングに対する準備不足を認識している要因として、71％のＣＭＯが「データ量の飛躍的増加」、68％が「ソーシャルメディア」、65％が「チャネルと伝達手段の増加」と回答しています。

また、今後3～5年間で顧客満足

度向上のために必要な変革として特に重要視されているのは、「個々の顧客ニーズの理解向上」と「市場ニーズへのレスポンスタイムの短縮」です。マーケティングの現場でも、「個人のニーズを把握して迅速に応える」取り組みが始まろうとしています。今こそ、情報システム部門とマーケティング部門が密に連携し、ビッグデータ時代の新しいマーケティングを実現する時代が訪れています。ＣＩＯはマーケティング業務の理解を、ＣＭＯはテクノロジーの理解を深め、課題と目標を共有し、共に協力をしてＣＥＯの迅速な経営判断を強力にサポートしていく必要があるのです。

しかしながら、日本企業にとっては、デジタル時代という市場環境要因の前に、そもそもマーケティングそのものを再考しなければ成長への道筋が見えづらい、そんな企業がまだまだ数多く存在しています。「はじめに」でも述べた通り、成熟・縮小均衡市場に対する企業戦略だけでなく、海外新興市場における事業ももちろん、つくったものを売る・開発したサービスを伝えるだけのこれまでのマーケティングでは立ち行かなくなるからです。これに輪をかけて、企業と顧客との接点が拡散し、そして常時接続していくことが必要なのです。ＡＫＱＡのチーフ・クリエイティブ・オフィサーであるレイ・イナモト氏も「３６０から３６５へ」という考え方を提唱しています。商品やサービスのすばらしさを消費者に伝える際には、様々なメディアを駆使し、「３６０度」の囲いを作ってコミュニケーションしようとするだけではなく、「３６５日」のつながりをブランドと消費者の間に築くことが必要な時代になってきているという意味です。

つまり、顧客との日々のつながりを強めて、そのブランドのＬＴＶ（顧客生涯価値）を高めていくことが重要になってくるということです。ソーシャルメディアの普及がそのトレンドを後押ししています。そして、その実現のためにはマーケティングの一層のデジタル化を進めて、データ管理の幅を広げて、バリューチェーン全体でマネジメントできるよう見直し、企業成長のために機能させていく仕組みを構築することが不可欠になっています。従来、ＩＴ部門は顧客の問題をマーケティング部門に押し付けていたところがありますが、顧客がデジタルデータによって管理されている現代では、ＩＴ部門こそが顧客重視のアプローチの中心的な役割を担う必要があるでしょう。

本書冒頭より「売れ続ける仕組みづくり」が必要だということを述べてきましたが、そこにおいて今後は、リアルタイムにパーソナライズ化されたシステムをつくり、どうＰＤＣＡを回していくかが、最大のテーマとなるのです。

外部リソースを活用する場合も専門人材は必要

「アドテック東京２０１２」のセッション「デジタル時代に消費者インサイトはどうとらえるかべきか」でラグジュアリーに特化したインターネットサービス企業「一休」の当時ＣＭＯ

であった汲田貴司氏がこう語っています。

「ＣＭＯは変革のリーダーになることが理想である。そのためのＣＭＯの役割を定義すると、サイエンスとアートの交差点で、企業の成長ストーリーを描くことにある」

サイエンスの側面とは、様々なデータを徹底的に分析し、成功確率を上げていく役割を指します。幸い分析技術やツールの機能の発達で利用者の購入・行動履歴を自在に分析できるようになっています。一方、アートの側面とは、次の事業モデル、新たな価値創造のシナリオをデザインする役割です。これにはセンスも問われますが、むしろ環境変化の本質を読むことが重要になってきます。ソーシャルメディアやスマートデバイスの普及で、ネットサービスの利用行動に大きな変化が起きているいま、便利で最安値のものをいかに短時間で探すか、という効率的な選択行動だけではなく、自分向けにフィルタリングされた情報だけを求めたり、まずは口コミ情報を見に行って共感できるかどうか、そこを起点に探し出すというような情緒的な行動をとる消費者が増えてきています。ネットの利用行動はヒューマンな方向に向かっているという顧客心理の洞察力が成功のカギになるのです。

マーケティング手段は様々なツールの出現で細分化、複雑化していますが、ＣＭＯが最終的に基盤として見るべきは、やはり顧客であり、顧客の心ということです。

マーケティング組織が陥りやすい課題

それでは現在、企業のマーケティング部門は何をマネジメントしているのでしょうか。博報堂コンサルティングの松風里栄子氏は、「マーケティングを企業としてマネジメントしたいのにできない」、そんな企業の課題として、以下の3点をあげています。

①　組織内課題

プランニング機能を広告会社など外部企業に丸投げし、マーケティング作業部門になっている。具体的には予算実績管理と、生産、開発、営業、広報など社内各部門の調整役にとどまっている。

②　組織間課題

マーケティング部門がプランニング機能を充分装備してもマーケティングをビジネス構造全体で機能させようとするときに直面する縦割り組織の壁。各事業部、研究開発、プロダクト／サービス企画、営業、広報、調査、といった組織がそれぞれの既得業務範囲や決定権を持ち、さらにそこに各事業本部や国／地域の権限が存在する。全社最適視点による統合マーケティングをなかなか仕掛けられない。

③ 権限課題

マーケティング部門が持つ権限が不明確である。最も顕著にみられる例が「社長の口出し」。きっとみなさんもご経験されたことがあるのではないか。分析や議論を重ねて導き出したマーケティング施策が、「うーん違う」と感覚で却下される。あるいは、「ここの店頭はもう少しこうならないか」と細かすぎる言及、「このタレントを使いたい」などマーケティング部の方向性を吹き飛ばす発言。

さらに松風氏は、経験値から導き出される示唆は傾聴すべきだが、一部の企業のように、社長=CMOである場合を除けば、CEOとCMOはうまく役割分担しながら企業成長をリードすべき。また前述の課題は、マーケティング組織の構造や連携の仕組み、組織内の機能役割を設計することでブレークスルーしていくことが可能」としています。

一方で、CMOありきの組織改革に取り組もうとすると、現実的には社内の様々な壁にぶち当たり、変革そのもののスピードが上がらないことも予想されます。多くの日本企業で、一時期「CMO待望論」がよく議論されていましたが、ここ最近では縦割りの組織を大きく変えることなく、まずは社内のプロジェクトやタスクフォースレベルでの社内横断的な統合マーケティングプロジェクトを実施していく可能性を模索する動きが徐々に出てきています。それをスムースに進めるためにもマーケティング部門のカバーする権限をどこまで広げるべきかの議論が今後より重要になってくるでしょう。既に私たちも外部パートナーとして、いくつかのマーケティング・プロセスの革新をテーマとしたプロジェクトに参加しています。

将来のCMO設置を見据えて本格的に組織の再編成から取り組むケースでは、縦割りで権限を分散したオペレーションに慣れ切った日本企業において、中央集権的な意思決定をさせる組織を再構築するには、思いのほか社内の抵抗も多く難易度が高いと実感しています。

そこでマーケティングのリストラクチャリング（再構築）がスタックしていては、市場や競合するグローバル企業の変化のスピードに追い付いていけません。私はCMO設置を見据えた大掛かりな組織改編などよりも、まずは早急に部門横断型のプロジェクト・チームをつくるという方法を取るべきだと考えます。目的はオペレーションを統合し、全体最適化を実現していくことなので、CMOという存在にあえてこだわる必要はありません。ただし、プロジェクト・チーム型の場合でも、強力な権限を委譲されたチーム・リーダーは必要です。結果としてそのポジションの人材がバーチャルでも各プロジェクトにおいてCMO的な役割を果たせるような仕組みを導入していけばいいのです。

日本に進出しているグローバル企業では既に何人かの日本人CMOが誕生しています。やはり組織形態も含めグローバル企業では最適な人材さえ確保できればすぐにでもCMOを設置する素地ができている企業が多いということです。

ＣＭＯを早急に日本企業も導入すべきではないかという問題提起が、今様々な場面で熱い論議を呼んでいる中、私はあえてＣＭＯという組織上のポジションにこだわらず場合によっては既存の組織形態を維持しながらＣＭＯ的人材をバーチャルにでもプロジェクトベースで設置して、早急にＩＭＣを導入することを優先すべきだと考えます。確かに部門横断型のプロジェクト・チームはＣＭＯがいてこそ機能するのではないかという議論もあります。これは各企業の現状のマーケティングの仕組み、組織形態によってバリエーションは様々ではありますが組織改編をしなくてもプロジェクトの組み上げ方でいくらでも最適なフォーメーションは組めるのではないでしょうか。この部門横断型のプロジェクト・チームとバーチャルＣＭＯのあり方については今後の日本のマーケティング界において最も議論されるべきテーマではないかと考えられます。

もうひとつ大きなテーマとしてあげられるのが、それらの統合型のマーケティングプロジェクトのどこまでを内部リソースで行い、どこまでを外部パートナーに担わせるのかという問題です。テクノロジーやツール、ソリューションの進化が非常に速い今のビジネス環境の中で社内だけですべての最新情報を得ることは簡単ではありません。また、社外のコンサルタントがプロジェクトに加わることでバッファー機能を果たし、社内調整がスムースになる場合も少なくありません。
丸投げにならずにうまく外部を使うためには、いずれにしても社内外をうまくマネジメントできる高いスキルを持ったマーケティングリーダーの育成が不可欠です。

権限を持ったマーケターと統合型チームの必要性

本来マーケティングは企画、調査、商品開発、コミュニケーション、セールスなど事業全般にまたがるものです。となれば、「売れ続ける仕組み」をつくるためには、全体の権限を任された人が統括してこれらの部署に指示を出していく必要があります。全体の予算の中で、開発、調査、広告、ＰＲにいくらかけるかを決め、全体を管理していきます。その指示に基づいて、社内の研究開発、広告、ＰＲなどの担当者が動くのが、本来のマーケターの役割でなければなりません。

ところが、組織とシステムで会社を動かす日本の企業では、多くの場合、権限は各部署が握っていて、マーケターはあくまでもその調整役に過ぎません。このため、往々にして各部署の都合、部分最適で仕事が進められていくことになります。ＩＭＣを導入するにあたり、このように複数にまたがる部門が分散的に予算決定権を持っている組織のあり方が、大きな障害になることが多いのです。

従来のマス広告を減らして、デジタルプロモーションに充てようというプランを、マーケティング部門が考えたとしても、広告に関する予算と権限を既得権として持っている広告部門が、なかなか承認しなかったり、戦略PRを導入しようとしても、担当部署である広報部のマーケティング経験が乏しく、導入の最終決定に踏み切れないということがしばしば起こります。

IMCを実施する上では、製品開発、マス広告、ネット広告、ソーシャルメディアマーケティング、戦略PR、店頭販促企画などのソリューション体系のみならず、進化のスピードが非常に速いデジタルテクノロジーや新興メディアなど、多岐にわたるマーケティング領域に関する一定以上のリテラシーと経験が、企業のマーケターに求められます。しかし、組織変革と並んでそれら幅広い領域に精通した、いわばマーケティングエリートの育成が非常に重要なテーマである中で、日本企業においてはマルチタレントな人材が育ちにくい環境があります。

企業のマーケティング力を強化するためには、こうした人材の育成、組織のあり方にも目を向け、改革を推し進めていかなければならない時期にきていると考えています。

マーケティングを企業経営の基幹的な問題であるととらえる企業は徐々に増えてきているので、今後は日本企業でもマーケティングの組織改革が起きてくる可能性は十分にあると思います。

また、繰り返しになりますが、CMOという役職にこだわらなくても、マーケティング・マネジメントが最適化できるような仕組み化は可能です。そのやり方のひとつは、部門横断的なプロジェクト・チームをつくることです。この場合、各部門の内部にマーケティング担当者やマーケティング会議などの意思決定システムを設けます。もうひとつはITを活用して、ビジネス・プロセスとマーケティング・プロセスを統合するデータ共有システムを社内インフラ化することです。これらを両輪で回していくことで、統合的なオペレーションが可能になります。

現状はこの部門横断的なプロジェクト・チーム設置という仕組みが、私たちがこれまで複数の企業における実践を通して、トライ&エラーを重ねてたどり着いた、日本企業にとって現実的かつ効果の高い方法だと考えています。事業会社から相談を受ける際には、多くの場合、最初はマーケティング部門の方から話が持ち込まれます。そして、マーケティングの課題を詳しくヒアリングしていくと、部門横断的なプロジェクト・チームをつくることが課題解決への近道であることが少なくありません。そこで、研究開発部門や営業部門などからキーマンに参加してもらい、オペレーションを統合していくのです。

このアプローチでマーケティング上のすべてのオペレーションをスムースに展開することができれば、目標設定や行動計画も立てやすく、各部門にとってもプラスになります。会社の業績は各部門のパフォーマンスの成果ですから、こうしたやり方をプロジェクト単位で積み上げていけば、結果として、会社全体の業績が伸びていきます。

私は、ここまで本書で「売れ続ける仕組みの本質とは何か」というマーケティングの原点に立ち返りながら、日本企業が直面するマーケティングの課題と解決策について様々な視点から論じてきました。そして、それは消費者や市場環境の変化などの外部要因のみならず、少なからず企業自身のマーケティングに対する取り組み方、向き合い方にも、関係しています。課題解決の糸口は、マーケティングの手法論ではなく、マーケティングのあるべき姿についての本質的な問いかけの中からしか見出せません。

マーケティングのあるべき姿を考える上で、重要な概念がIMCです。

日本においてIMCは、マーケティング・コミュニケーションにおける様々な手法を統合し、コミュニケーション効果を高める方法論と見なされるのが一般的です。

本書で繰り返し述べてきたように、IMCの概念はコミュニケーションの領域にとどまらず、時代の要請に呼応するように企業戦略のより上位の概念へと進化していきました。次のような段階を経て、IMCはより企業経営の中枢を担うようになっています。

第一段階、マーケティング・コミュニケーション戦略の統合

第二段階、戦略的ビジネス・プロセスとしての統合

第三段階、経営戦略の要となるデータ・マネジメントの統合

ビッグデータの活用が経営課題の重要なテーマとなっている昨今、IMCの概念は第三段階に向かっていると言えます。販売部門やCRM部門が持つ膨大な顧客情報と、マーケティング

部門が保有するマーケット情報や戦略を統合し、バリューチェーン各所の機能をどう有機的に構築していくのかが大きなテーマとなっています。

自前のDMP（データ・マネジメント・プラットフォーム）を運用して、広範で多様なマーケット情報を分析して戦略を組み立てるグローバル企業と伍して戦うために、日本企業もリアルタイムにPDCAを回して常に最適な事業マネジメントを実行できるフレームを仕組みとして整えていく必要があります。

しかし忘れてはならないのは、データ自体が何かを解決するわけではないということです。あくまでもデータは消費者のインサイトを読み解くためのヒントであり、それを正しく分析し、どんなストーリーに仕立て、いかに人々の心のスイッチを押すことができる自走力のあるコンテンツをつくるかが重要なのです。

そして、それを可能にするのはマーケターのクリエイティビティです。

IMCの父と言われるドン・シュルツ教授は2013年秋にアメリカのクリーブランドで行われたマーケティングカンファレンス“Content Marketing World 2013”の中で“Content Marketing is future of all marketing.”コンテンツマーケティングはすべてのマーケティングの未来だと語っています。

事業戦略を、全社を横断したマーケティング活動に落とし込んでいく方法論も本書の重要なテーマです。事業戦略をダイナミックなマーケティングアクションに落とし込んでいくためにも、骨太のマーケティング・ストーリーが欠かせません。

ストーリーテリングは消費者だけを相手にするのではありません。事業に関与する社内外すべてのステークホルダーが幸せになるマーケティング・ストーリーを描き、それを具現化していくことが求められます。「売れ続ける仕組みの本質」とは、関わるすべてのステークホルダーのインサイトを洞察して、バリューチェーンをより強固にするためのマーケティング・ストーリーを描き、それを実現させていくことです。

それにより、結果として大きな価値が消費者にもたらされます。こうした上向きのスパイラルを積み重ねていくことで売れ続ける仕組みがつくりあげられていくのです。

これら一連の価値創造プロセスのリーダーとしてのマーケターの役割が悩める日本企業において今後さらに重要になってくるのは間違いありません。

本書を手にした皆さんが、それぞれの企業におけるマーケティング・イノベーションの旗手として活躍されることを願っています。それは決して容易なことではないかもしれませんが、私たちインテグレートは、伴走者として一緒になって課題解決に取り組みたいと考えています。

〈参考文献等〉

『CMOマーケティング最高責任者―グローバル市場に挑む戦略リーダーの役割』神岡太郎（著）、ベリングポイント戦略グループ（著）（ダイヤモンド社）
『世界最強CMOのマーケティング 実学教室』ブラッドフォード・C・カーク（著）、田中 洋（監訳）、山本 暎子（訳）（ダイヤモンド社）
『マーケティング立国ニッポンへ―デジタル時代、再生のカギはCMO機能』神岡太郎（著）、博報堂エンゲージメントビジネスユニット（著）、日本マーケティング協会協力（日経BP社）
「CMO Study 2011」アイ・ビー・エム
http://www-935.ibm.com/services/jp/cmo/html/cmostudy
「戦略リーダーとしてのマーケティング組織、CMO機能」松風里栄子（博報堂コンサルティング）ITmedia マーケティング
「日本におけるマーケティング機能のこれから」「世界のCMOを取り巻く環境の変化」『宣伝会議』2013年4月1日号
『DMP入門』横山隆治（著）、菅原健一（著）、草野隆史（著）（インプレスR&D）

おわりに

私は新卒で味の素という日本企業に入社して、初めてマーケティングの実務に携わりました。大学時代にゼミで学んでいたマーケティング理論と現場でのリアルなマーケティングとはこんなにも違うものなのか？　と衝撃を受けたのを今でも強烈に覚えています。消費者調査を重ね、精緻な理論に基づいたマーケティング・プランを作成して、エッジの効いた広告で消費者に購買行動を起こさせる。消費者を徹底的に研究して知りつくすことこそがマーケティングだと信じていた当時の私にとって、机の上で学んだマーケティングとは違って現実のマーケティングはもっとずっとリアルで生々しいものでした。

自分が営業時代はいかに流通バイヤーと人間関係を泥臭く構築して、自社の製品を採用してもらうかに日々取り組み、事業部のマーケティング担当としては、社内の営業に自分の担当製品を売ってもらうために何をすべきかを考えたり、社内外の多くの人の思惑や利害が絡むのがリアルなマーケティングだと身をもって学んだのです。

その後、外資の食品素材メーカーに移り、クライアントであるグローバル企業のアジア、アメリカ、ヨーロッパ市場での商品開発に関わるマーケティングプロジェクトに携わる経験を通じて、パワフルでダイナミックなＩＭＣの魅力に取りつかれて、日本で初めてのＩＭＣをメインに手掛ける、マーケティングコンサルティング会社であるインテグレートを創業してもうすぐ7年になります。

この間、多くの企業の様々なマーケティング課題解決のお手伝いをさせていただく中で正直強く感じるのは「日本企業には本当の意味でのマーケティングが文化として根付いていない」という事実です。本書を手に取っている企業のマーケティング担当者や広告会社の皆様にお叱りを受けることを覚悟であえてそう言わせていただきます。

『The Real Marketing』と題したこの本を書こうと思った最大の理由は、私がこれまで事業会社のマーケティング担当者、コンサルティング会社の経営者としてクライアント、外部パートナーの両サイドで経験してきた様々なケースから学んだ「本当のマーケティングとは何か?」についてお話ししたいと思ったからです。

当然それは、ただ単に経営戦略や事業戦略を立てるだけでもなく、広告やウェブサイトをつくるだけでもなく、ＰＲや販促を行うことだけでもありません。そのすべてを統合的に行って継続的にビジネスが成長していくプロセスこそがマーケティングであり、つまりそれは本書の中で何回も繰り返しているように「売れ続ける仕組みづくり」に他なりません。

単一文化、言語という独特のメディア環境や市場性、緻密さ、勤勉さに優れた日本人の特性や適度なサイズで外からの参入障壁の高い国内市場の存在などのおかげで、多くの日本企業はその仕組みがないままでもこれまで成長し続けることができました。しかし、近年のグローバル化とデジタル化が急速に進むマーケット環境の変化に対応できずに苦しんでいる企業は少なくありません。

市場環境が複雑な欧米では1990年代前半に既に統合的に各マーケティング施策を行うことの重要性が指摘され、その統合領域もコミュニケーションレベルから経営販売、顧客管理に至るまでのプロセスを含めたIMCが企業にも定着しました。そして企業内でのオペレーションの統合が進んだ結果、マーケティング領域における多くの権限を委譲されたCMOが登場したことで、高速でPDCAを回していく意思決定の速いマーケティングモデルを導入したグローバル企業が、またたく間に世界市場を席巻していきました。

欧米企業のマーケティング・プロセスの統合化が一般化してから十数年以上経った現在でも、未だに多くの日本企業は本格的にIMCを導入できずにいます。そして、時代遅れのマーケティングシステムで、最先端のマーケティングを駆使するグローバル企業との苦しい戦いを強いられています。それはマシンガンを装備している部隊に刀で戦いを挑んでいるようなものです。今後ビッグデータの時代を迎え、このままではますますその戦闘能力の格差が広がっていくのは間違いありません。

日本企業がIMCを未だに導入できない企業側の主な原因は、縦割りの組織形態とジェネラリスト育成志向の人事ローテーションにあります。その弊害としてマーケティングを俯瞰でマネジメントするスキルを持つ人材が育ちにくいのです。

当たり前のように数年でマーケティングの責任者や担当者が異動してしまう状況で、戦略の継続性をコンサルティング会社や広告会社などの外部に依存し、企業内部にナレッジもスキルもたまらないという好ましくない状況がずっと続いている企業も少なくありません。それらの理由によりマーケティングが企業文化として根付きにくいのです。

CMOのような強力な権限と高いマーケティングスキルを持つ人材不在の中では、外部パートナーへの正しいディレクションもままならず、結果としてパフォーマンスが上がらないという負のスパイラルに陥ってしまっているのです。

現場での実効性の見えない経営戦略を提案し続ける戦略コンサルティングファームも、直接販売に結び付きづらいエッジの効いたクリエイティブとテレビCM案を提案してくる広告会社も、誰も訪れなさそうな壮大な自社サイトを提案してくるウェブ制作会社も、話題性がありそうでも製品特性が全く伝わらないだろうメディアイベントを提案してくるPR会社も、クライアント主導で、しっかりと外部パートナーをリードしながら正しいマーケティング戦略に基づいたIMCを実施していくことでしか、高いパフォーマンスを発揮させることはできないのです。

そして、統合すべきは外部パートナーだけではありません。研究、生産、営業といった社内の各部署のオペレーションもメディアや有識者、流通等すべてがその対象になるのです。そして、そこにはすべての関係者が信じられ、夢を共有できる、緻密で現実的に実効性の高いストーリーが必要なのです。

組織のあり方を変えよう、CMOというポジションをつくろうと、今多くの日本企業が本当のマーケティングすなわちIMCによる「売れ続ける仕組み」を構築しようとようやく動き始めています。厳しい経営環境に苦しむ日本企業にとってのもう待ったなしの状況では、まずは早急に小さなIMCプロジェクトからでもスタートしてみることが重要です。

デジタルの時代は走りながらPDCAを回し続けて結果を出していくことが基本です。そして、その成果として初めて「売れ続ける仕組みづくり」ができることを忘れてはなりません。この本が少しでも皆さんが最初の一歩を踏み出すのに役立てばと思っています。

末筆になりますが、本書の執筆にあたってお世話になった方々への謝辞を述べさせていただきます。

本書に記させていただいた知見は、日々クライアント企業の皆様と喧々諤々議論を交わさせていただいたマーケティングの実践の積み重ねから生まれたものばかりです。まずは、クライアントの皆様にお礼を述べたいと思います。

株式会社ワコール 広報・宣伝部の猪熊敏博部長、株式会社 gift の代表取締役社長であり

「DRESS」編集長の山本由樹さんにはともに取り組ませていただいた事例をご紹介させていただいたこと、ご厚情に感謝いたします。また執筆にあたり、ご尽力をいただいた宣伝会議の谷口優編集長、そして日々果敢にチャレンジして課題解決のためにソリューションをつくりあげてきたインテグレートのメンバー、本当にありがとうございます。

マーケティングはこれからが本当に面白い時代を迎えていくと信じて、私たちインテグレートも日々新しいチャレンジを続けていきます。

2014年2月

藤田康人

株式会社インテグレート

インテグレートは、IMC（Integrated Marketing Communication：統合型マーケティング）プランニングを専門的に実践するプランニングブティック。PR会社を傘下に持ち、販売や集客、商品企画などマーケティング領域において、調査分析に基づいた事業シナリオ設計から、PR・広告・店頭販促・デジタルなどコミュニケーション施策までワンストップで提供している。消費者だけでなく、社会、メディア、流通のインサイトを的確にとらえる「情報クリエイティブ」という独自のメソッドにより「話したくなる」「共有したくなる」ストーリーをデザインし、マーケティング課題を解決。事業のビジネス・プロセスを統合し、マーケティング・マネジメントの最適化を目指している。